/ 100 位

为新中国成立作出突出贡献的英雄模范人物/

何叔衡

李龙如/编著

吉林出版集团 | 吉林文史出版社

图书在版编目（CIP）数据

何叔衡 / 李龙如编著. -- 长春 : 吉林文史出版社,
2011.4（2024.5重印）
（100位为新中国成立作出突出贡献的英雄模范人物）
ISBN 978-7-5472-0583-9

Ⅰ. ①何… Ⅱ. ①李… Ⅲ. ①何叔衡（1876～1935）－
生平事迹 Ⅳ. ①K827=6

中国版本图书馆CIP数据核字(2011)第051221号

何叔衡

HESHUHENG

编著/ 李龙如
选题策划/ 王尔立　责任编辑/ 王尔立
装帧设计/韩璘
出版发行/ 吉林文史出版社
地址/ 长春市福祉大路5788号　邮编/ 130118
电话/ 0431-81629363　传真/ 0431-86037589
印刷/ 天津海德伟业印务有限公司
版次/ 2011年4月第1版 2024年5月第7次印刷
开本/ 640mm×920mm　1/16
印张/ 9　字数/ 100千
书号/ ISBN 978-7-5472-0583-9
定价/ 29.80元

《100位为新中国成立作出突出贡献的英雄模范人物》丛书

/ 100 位

为新中国成立作出突出贡献的英雄模范人物/

八女投江　于化虎　小叶丹　马本斋　马立训　方志敏
毛泽民　毛泽覃　王尔琢　王尽美　王克勤　王若飞
邓　萍　邓中夏　邓恩铭　韦拔群　冯　平　卢德铭
叶　挺　叶成焕　左　权　诺尔曼·白求恩　任常伦
关向应　刘老庄连　刘伯坚　刘志丹　刘胡兰　吉鸿昌
向警予　寻淮洲　戎冠秀　朱　瑞　江上青　江竹筠
许继慎　阮啸仙　何叔衡　佟麟阁　吴运铎　吴焕先
张太雷　张自忠　张学良　张思德　旷继勋　李　白
李　林　李大钊　李公朴　李兆麟　李硕勋　杨　殷
杨子荣　杨开慧　杨虎城　杨靖宇　杨闇公　萧楚女
苏兆征　邹韬奋　陈延年　陈树湘　陈嘉庚　陈潭秋
冼星海　周文雍、陈铁军夫妇　周逸群　明德英　林祥谦
罗亦农　罗忠毅　罗炳辉　郑律成　恽代英　段德昌
贺　英　赵一曼　赵世炎　赵尚志　赵博生　赵登禹
闻一多　埃德加·斯诺　夏明翰　格里戈里·库里申科
狼牙山五壮士　聂　耳　郭俊卿　钱壮飞　黄公略
彭　湃　彭雪枫　董存瑞　董振堂　谢子长　鲁　迅
蔡和森　戴安澜　瞿秋白

前言

每个人的心中都多少有一点英雄情结，都向往英雄、景仰英雄。也正因此，在中华人民共和国建国六十周年之际，由中央十一部委联合组织开展的“100 位为新中国成立作出突出贡献的英雄模范人物和 100 位新中国成立以来感动中国人物”的评选活动中，群众参与投票总数近一亿。这其中的每一张选票，都表达了人们对英雄模范的崇敬之情，寄托着对伟大祖国的美好祝福。

一个民族不能没有英雄,否则这个民族就不会强大。当国家危难之时，懦弱者选择了逃避、妥协甚至投降，英雄们却挺身而出，用热血捍卫民族的尊严，人民的幸福。在创立和建设新中国的伟大历程中，涌现出无数可歌可泣的英雄模范人物。他们之中，有为了民族独立和人民解放而英勇牺牲的革命先烈，有为了党和人民的事业而不懈奋斗的优秀共产党员，有在全民族抗战中顽强奋战、为国捐躯的爱国将士，有英勇杀敌的战斗英雄和革命群众，有积极从事进步活动的著名民主爱国人士和国际友人……他们是民族的脊梁、祖国的骄傲，是激励全体人民团结奋斗的精神力量。

《100 位为新中国成立作出突出贡献的英雄模范人物传记》丛书，就像一部星光璀璨的英雄谱，真实、完整地记录了英雄模范人物不平凡的一生，再现了他们非凡的人格魅力和精神世界。“头颅可断腹可剖”的铁血将军杨靖宇,“毫不利已，专门利人”的白求恩,“抗战军人之魂”张自忠,“砍头不要紧”的夏明翰,“俯首甘为孺子牛”的文化斗士鲁迅……一串串闪光的名字，一个个动人的故事，犹如群星闪烁，光耀中华。

如今，战火已熄，硝烟已散，英雄已逝，我们沐浴在和平的幸福之中。在和平年代，人们不会忘记为今日的和平浴血奋战的英雄们，英雄的故事永远不会结束。让我们用英雄的故事唤醒我们心中的激情，为中华民族的伟大复兴而奋斗。

生平简介

何叔衡（1876–1935），男，汉族，湖南省宁乡县人，中共党员。

1914 年，何叔衡与毛泽东相识于长沙，成为挚友。1918 年 4 月，他与毛泽东等组织成立新民学会，任执行委员长。1920 年与毛泽东等发起组织俄罗斯研究会，并共同发起成立长沙的共产党早期组织。1921 年 7 月出席中共第一次全国代表大会，会后任中共湘区委员会委员。第一次国共合作时期，任国民党湖南省党部执行委员、监察委员。1927 年长沙马日事变后，到上海为党创办地下印刷厂等。1928 年 6 月赴苏联出席中共“六大”。9 月进入莫斯科中山大学，与徐特立、吴玉章、董必武、林伯渠等编在特别班学习。徐特立曾说，在莫斯科，我们几个年老同志，政治上是跟叔衡同志走的。1930 年 7 月回国后，在上海负责全国互济会工作，组织营救被捕同志，将暴露身份的同志转往苏区。1931 年 11 月，奉命进入中央革命根据地，与毛泽东等参加中央工农民主政府的领导工作。当选为中华苏维埃共和国中央执行委员会委员，任临时中央政府工农检察人民委员、内务人民委员部代部长、临时最高法庭主席等职。1934 年 10 月中央红军主力长征后，留在中央革命根据地坚持游击战争。1935 年 2 月 24 日，从江西转移福建途中，在长汀突围战斗时壮烈牺牲。

1876-1935

[HESHUHENG]

◀何叔衡

目 录 MULU

■湖南建党前后（1913–1927） / 017

组织准备 / 018

与毛泽东结为亲密战友，成立新民学会，通过一系列活动，将涌现出来的大批具有初步共产主义思想的骨干分子团结在自己的周围。

37–42岁

思想准备 / 024

通过出版《湖南通俗日报》等报刊，创办文化分社，将五四爱国运动中倡导的民主与科学的思潮，提高到宣传无产阶级领导的反帝反封建的新水平。

43岁

湖南建党 / 042

成立长沙共产主义小组，创建中共湖南支部，成立“湘区委”，发展壮大党的组织。

44–45岁

培训干部 / 053

创办湖南自修大学，建立湘江学校，领导工人运动，重建湖南国民党。

45–50岁

奇光永远照耀着我们勇往直前（代序）

何叔衡是清末的一位老秀才，曾饱读诗书，拥有丰富的旧学问。林伯渠曾说："旧学问一经和革命学问相结合，即和最新的学问——马克思主义相结合，蔚然发出奇光。"这奇光，照耀着何叔衡认准革命的方向，百折不回地走到底，直到为苏维埃流尽最后一滴血，这奇光永远照耀着我们勇往直前！

这奇光是什么呢？

何叔衡曾写过一首《扬子江词》：

长、长、长，亚洲第一大水扬子江。源青海，分峡瞿塘。蜿蜒腾蛟蟒，滚滚下荆扬。千里泻，黄海黄。润我祖国千秋，万岁历史之荣光。

这奇光，正如毛泽东所说：何叔衡做事不辞劳苦，"是一条牛"，"是一堆感情"。"他的感情是统制在高度的正义感下面的"。何叔衡是毛泽东在湖南早期革命活动最得力的助手之一。何叔衡的革命行为，毛泽东亦同样予以全力支持。正如当时同志们所称道的：毛润之所谋，何胡子所趋；何胡子所断，毛润之所赞。

这奇光是刻苦攻读马列书籍。在苏联学习时，何叔衡被人们称之为"学习上永不疲倦的人"。他坚信马列，谢觉哉曾说："叔衡同志对党的认识深刻和意志坚定，是超人一等的。"在苏区，抵"左"反右，批他不服，斗他不改。忠于无产阶级革命事业，且百折不回，为苏维埃流尽最后一滴血。

这奇光是舍小家为大家。何叔衡曾说："我的人生观，绝不是想安居乡里以善终的，绝对不能为一身一家谋升官发财以愚懦子孙的。"他经常教导其女儿、女婿：一定要努力学习马列主义，牢牢掌握斗争武器。要斗争就会有牺牲，作为共产党员就应该不怕死，共产党员从入党那天起，就把自己的一切，包括自己的生命完全地交给党了。共产党员是不容只顾自己的家庭的。当得知女儿实山的爱人夏尺冰被叛徒出卖，在长沙被捕随即被反动派杀害时，何叔衡强忍着眼泪劝慰女儿说："尺冰不是庸庸碌碌地老死在病床上，而是为革命牺牲在马路上，是光荣的。"要女儿化悲痛为力量，继续做好党的工作。

我们现在著书、写文章，正如谢觉哉曾经说过的：我不是为着"忘却"而写，写，写着不"忘却"。"哲人其萎，吾将安放？"写此先人，且以自励。

“穷秀才”

(1876—1912)

一 私塾读书

☆☆☆☆☆

（0–26 岁）

私塾读书

何叔衡，原名启璿，字玉衡，号琥璜，学名瞻岵。1876 年 5 月 27 日，出生于湖南省宁乡县沙田杓子冲一个贫苦农民家庭。何叔衡有两个哥哥、两个姐姐、一个弟弟。父亲何少春，是一个安分守己、勤劳俭朴的老实农民，他留给子女的是待偿还的债务。1926 年他在临终前的遗嘱中写道：

“余年八十零，难道还贪生吗?

△ 何叔衡的父亲何少春

你们娘早死，我教养你们未争得一个什么局面，只望你们兄弟合好合力将债还清。一概要公，世间只有私心坏，事情公则大家都安。叔衡抚九孙为嗣莫撒手。我死了不做道场，不烧纸钱冥屋，不劳动亲朋，只行几堂神，装殓不用一根丝，葬于就近就是。切记切记！”

△ 何少春遗嘱

何叔衡5岁丧母，生活靠姐姐照料。他7岁开始牧牛、割草、砍柴。因家庭生活困难，粮食不够吃，每到青黄不接时，父亲对儿女实行定量分食的办法。因他年纪小，每餐限吃一小碗，常感吃不饱。一天，何叔衡放牛回家，几口就将分的一小碗饭吃完了，眼巴巴地望着自己的空碗对姐姐说：“吃饭要能像牛吃草那样，放肆吃个饱就好了。”父亲望了望他说:“你长大了,像牛一样做事,一定会吃得饱的。”自此，何叔衡铭记“像牛一样做事”这句话，干活更下力气了。

从 12 岁至 22 岁读私塾，共读了八年(中间有两年在家种地)。何叔衡生辰逢五(午)，在堂兄弟中又排列第五。那时有一种迷信的说法:“男子要五不得五(午),逢五就有福。”意思是说:生辰逢午是很

△ 何叔衡故居

难的，也是很吉祥的。亲友们都说这孩子“八字好”，将来定有“出息”，父亲便省吃俭用，送他念书。有个姓姜名方谷的私塾老师，对他的影响颇大。姜方谷，为人耿直，不随流俗，曾在外地做过小官，学识较渊博，藏书甚多，对清政府的腐败无能丧权辱国不满，常以民族英雄的事迹启迪学生的思想。何叔衡随姜方谷读了四年书不但读完了“四书”“五经”，还读了不少历代民族英雄传记方面的书籍。当时，正值甲午战争前夕，何叔衡目睹国事日非，官绅肆虐，人民处于水深火热之中，对清王朝深为愤慨。在一篇题为《旱》的八股文章中，一开篇就写道：

且今日之天下，一酷烈之天下也。其万姓之如炎如焚者，岂不甚于旱魃之为虐哉！顾无形之旱，民嗟荼毒，司牧者或不知草野之熏蒸……何辜今之人，而竟罹此酷烈之祸而不遏也。

得中秀才

何叔衡 26 岁（1902 年）时，遵父命参加科举考试，得中秀才。这年 9 月 11 日，邵阳秀才贺金声竖起了“大汉灭洋军”旗帜，开展反帝运动，衡阳、湘乡、宁乡、武冈、新宁等县的哥老会纷纷响应，遭到湖南巡抚俞廉三的残酷镇压而失败。这件事，对何叔衡震动极大，使他对清王朝的残暴统治更加痛恨。

拒官不就

1902年底，县衙门要何叔衡去做管理钱粮的官，他深感“世局之汹汹，人情之愤愤”，断然拒绝上任，而宁愿在乡下种地、教书。因此，乡里人称他为“穷秀才”。

私塾教书

☆☆☆☆☆

（27–35岁）

何叔衡于私塾教书期间进行了一系列的革命活动。

带头“造反”

1906年春，长江流域大水成灾，饥民纷纷“吃大户”。同盟会员刘道一、蔡绍南趁此时机到浏阳、醴陵、萍乡一带组织洪江会等会党起义，反对清王朝。这时，何叔衡便邀集好友谢觉哉、姜梦周、王凌波、夏果雅和堂弟何梓林等仿效会党形式，结成“盟兄”，以何叔衡为“盟首”，在乡下替穷人打抱不平。一天，在何氏祠堂做长工的余某，“因小孩饥饿，拿了祠堂一些稻谷，被族长抓住，要沉塘处死”。何叔衡“即邀集盟兄弟冲进祠堂，把余某救了出来”。秀才带头“造反”，轰动一时，引起了当时人们极大的钦佩和惊奇。在何叔衡的影响下，谢觉哉、姜梦周、王凌波先后都参加了革命，入了党。大革命时期，他们四人合拍了一张照片。因都留须，谢觉哉就在照片上题写了“宁乡四髯”四字。“宁乡四髯”此后传诵于湘中。

同情体贴穷苦农民

何叔衡在家乡创办过“薄费多徒馆”，旨在教授穷苦农民的子弟。学馆收费比其他私塾少一半，学生却

△ “宁乡四髯”于长沙合影(左二为何叔衡)

多一倍,贫苦的学生还免交学费。他“四书”“五经”也教，但教得最多的是《楚辞》、唐诗、宋词，还讲岳飞、文天祥和鸦片战争、太平天国、八国联军的事，时常讲得流泪。他和学生很合得来，总是鼓励学生努力读书。他喜欢到学生家里串门，也常邀学生到他家里做客。学生和家长都很喜欢他。但他对学生要求很严，书背不得，他就发脾气。

带头反封建

何叔衡与袁少娥是1898年结婚的。袁少娥不识字，比他大3岁，但夫妻感情很好。袁氏生的男孩夭折，只有两个女儿。1908年，袁氏又生一女孩。亲友怕他绝后，便联合起来劝他再娶，他坚

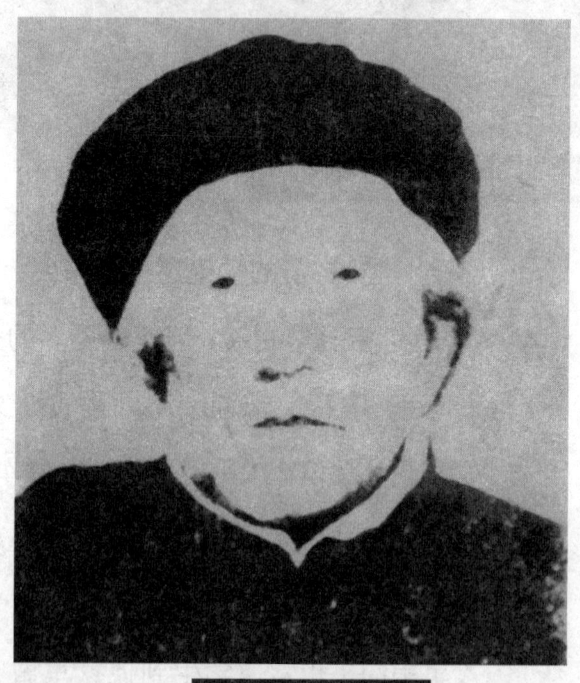

△ 何叔衡的夫人袁少娥

决拒绝，并将刚生下的女孩取名为“实嗣”，即他家的实际继承人，以示对封建伦理观念的反抗。在女儿长大以后，他亲自教一些有现实教育意义的古诗，如“朱门酒肉臭，路有冻死骨”和“锄禾日当午，汗滴禾下土，谁知盘中餐，粒粒皆辛苦”等，而不像别人念《女儿经》之类的书籍。这一举动，使乡里为之惊异，称之为“反封建的穷秀才”。

开展教学改革

1909 年春，何叔衡被聘到宁乡云山高等小学堂任教。该学堂的前身为云山书院，创建于清同治四年（1865 年），是告老回乡的陕甘巡抚刘典等士绅捐款捐田兴建的，与县城玉谭书院齐名，并称为宁乡的两大书院。清光绪二十八九年（1902–1903 年），廖湘蘅等请改为高等小学堂，然考试犹存。此时，清政府虽已明令废科举，兴学堂，但由于地方顽固势力对“新学”的攻击，到学堂来读书的学生仍然不多。何叔衡提出三条建议：一、组织下乡宣传，讲解学堂比私塾、“新学”比“旧学”的好处，击破顽固势力的宣传；二、利用学

△ 云山高等小学堂

堂租谷多的优越条件，降低对学生的收费标准，使贫苦农民的子弟能够入学；三、延聘思想开明、有真才实学的教师来校任教，并向学堂陆续推荐了李藕苏、张岳群、谢觉哉、姜梦周等人。当时主持学堂教务工作的喻徽五，是个廪生，后又毕业于省速成师范，思想比较进步，在地方上也有些声望，接受了他的建议。

在教课时，何叔衡常以顾炎武“天下兴亡，匹夫有责”的名言，联系中国历史上的盛衰荣辱，教育学生关心国家大事，立志改革，救国救民。1912 年元旦，民国成立。何叔衡决心在云山学堂开展教学改革，树立新的学风。他与谢觉哉、姜梦周等进步教师一起办学生会，反对尊孔读经，提倡做应用文，学习社会科学和自然科学，劝阻富家子弟坐轿子上学，吸收附近贫苦农民子弟免费上学，号召学生自己动手栽树、修操场等，使学堂面目为之一新。

带头剪辫子

1911 年 10 月 10 日，武昌起义爆发，湖南首先响应，并宣布独立。消息传来，何叔衡欣喜若狂，开怀畅饮，带头剪掉自己的辫子，并号召学生剪辫子，在学校积极宣传同盟会的革命纲领，揭露清王朝腐朽媚外的罪行。11 月 4 日，他还专程回到家里，动员父亲兄弟和邻居剪掉辫子。

辞掉教职

☆☆☆☆☆

（36岁）

1912年，云山学堂来了一个立宪派的黄英灏校长。此人思想极为守旧，与学堂内外顽固势力沆瀣一气，竭力攻击学堂出现的新气象，诬蔑何叔衡是“三无（无圣君、无父母、无礼仪）党”的首领，是“学匪”等等。对此，何叔衡虽然无所畏惧，但是感到辛亥革命的果实已被袁世凯篡夺，革命的大势已去，深感“惶惶然”，他苦苦地思索着，觉得自己“深居穷乡僻壤，风气不开，外事不知”。便对多

次劝他留下来的同事说："争百年，不争一夕。"1912 年底，他毅然决然辞掉云山学堂的教职，奔赴省会长沙寻找新的道

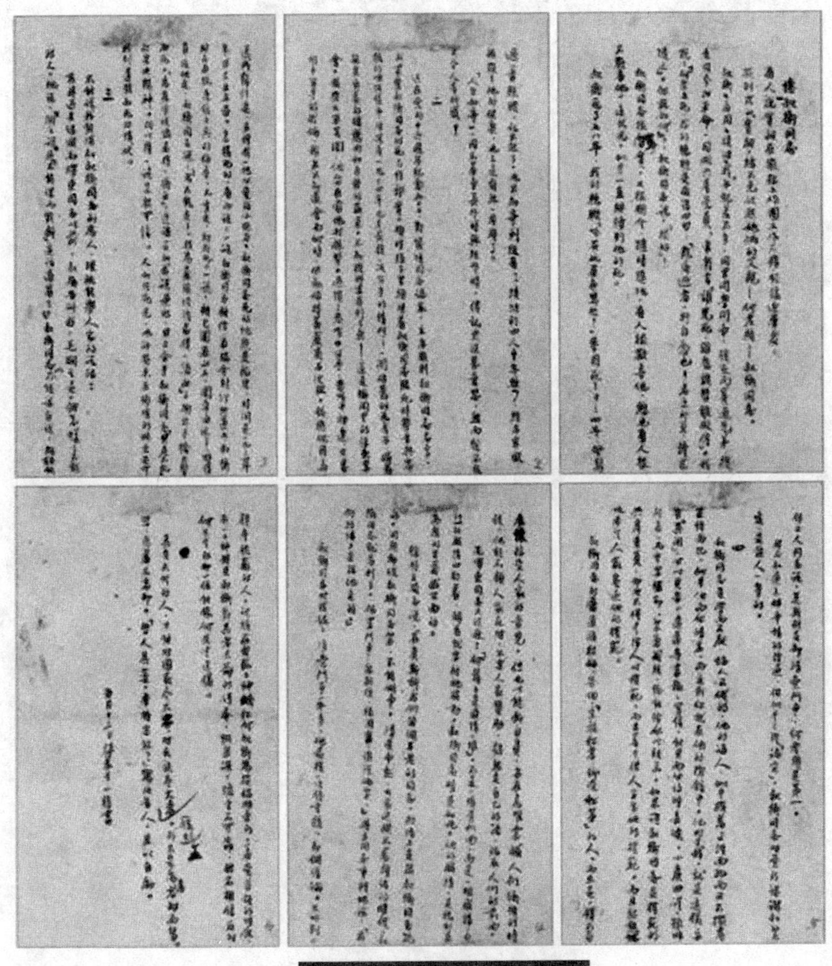

△ 谢觉哉《忆叔衡同志》手迹

路。后来谢觉哉在《忆叔衡同志》中说："在旧社会中，叔衡同志向来就讲究道德，是个'宗族称孝，乡党称悌'，而且一丝不苟，律己很严的人。记得在我县士绅蔑称何叔衡为提倡非孝的'三无党'首领的时候，有一绅士亲见叔衡对其老太爷的侍奉，慨然说：'流言不可靠，我不相信反对何先生的那一位能像何先生这样'！"

湖南建党前后

（1913—1927）

组织准备

☆☆☆☆☆

（37–42 岁）

与毛泽东结为密战友

在茫茫黑夜、荆棘遍地的时候，相互间建立的深厚的革命友谊，是革命者前进中最可贵的一种动力。

1913 年春，何叔衡 37 岁，考入长沙湖南公立第四师范。学校校长陈夙荒问他："你这么大的年纪还来当学生干什么？"他说："深居穷乡僻壤，风气不开，外事不知，耽误了青春。旧学根底浅，新学才启蒙，急

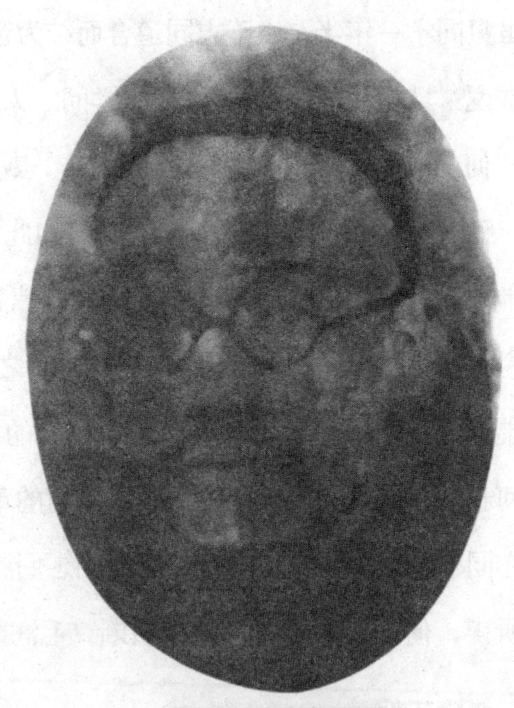

△ 求学时期的何叔衡

盼求新学，想为国为民出力。”他与毛泽东同时考入四师，第二年春，四师并入省立一师，毛泽东被编入一师一部第八班，何叔衡被编入一师二部第一班（即教师讲习班）。因为四师是春季始业，一师是秋季始业，何叔衡在一师仅读了一个学期，就于 1914 年夏毕业了。何叔衡与毛泽东虽只同学一年半，由于志同道合而结为亲密战友。毛泽东常说：“叔衡做事可当大局，非学问之人，乃做事之人。”“何胡子是一条牛，是一堆感情。”“热烈的感情四射着，触着就要被感动，叔衡同志确是如此。他的感情是统制在高度的正义感下面的。”何叔衡常向人介绍毛泽东说：“毛润之是个了不起的人物。”“润之说我‘不能谋而能断’，这话道着了。”毛泽东在湖南的早期革命活动，何叔衡是最得力的助手之一。何叔衡的革命行为，毛泽东亦同样予以全力支持。正如当时同志们所称道的：毛润之所谋，何胡子所趋；何胡子所断，毛润之所赞。

楚怡任教

何叔衡在一师毕业后，父亲和妻子都希望他回到家乡去教书。何叔衡认为，现在是“世道乖漓，人心浇薄”，要改变这个世道，决不能株守家园。于是，给父亲寄去一封信，说：“我的一生不想为一家一身谋求发财升官，或者安居在家以求善终。”

1914 年 7 月，何叔衡受聘于长沙楚怡学校任主任教员。当时楚怡学校的校长就是原四师的校长陈夙荒。何叔衡任教高年级的国文课。他教学认真负责，关心热爱学生。他同学生谈话时，不是简单的询问或责备，而是喻之以理，动之以情，“耳提面命”地谈着谈着，自己倒先哭起来了。课余常和学生一起做清洁工作，总是像父母一样照顾学生。学生家长反映说：“何先生疼爱学生胜过父母。”何叔衡生活很艰苦，自己洗衣做饭，上街从不坐人力车。而同事有困难，却最肯出力帮助。因此，在教师和学生中威信很高，被称之为“老母鸡”。

参加新民学会

1915年《新青年》诞生。在新思潮的影响和鼓舞下，正在为“如何使个人及全人类的生活向上”等问题而探索的毛泽东、蔡和森、何叔衡等，得到了启示，“觉得自己品性要改造，学问要进步，因此求互助之心热切到十分”。“顿觉静的生活与孤独的生活之非，一个翻转而为

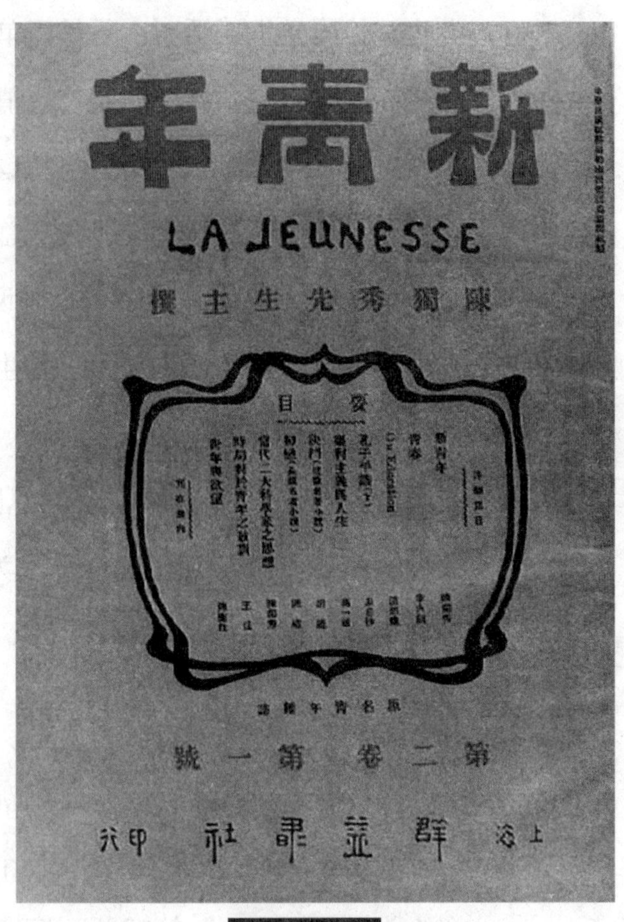

△《新青年》

动的生活与团体的生活之追求”。经过两年多的酝酿和百次以上的讨论，至 1917 年冬，乃得到一种结论，就是“集合同志，创造新环境，为共同的活动”。1918 年 4

月 14 日，在岳麓山下刘家台子蔡和森家开会成立了新民学会。参加者有毛泽东、何叔衡、萧子昇、萧子暲（萧三）、张昆弟、罗章龙等 13 人。他们的信念是："文明其精神，野蛮其体魄。" 何叔衡 "自愧年老、才退，不配与 20 岁左右的青年为伍，所以提出不入会。后来经过毛泽东等同志几次劝说，才在八月份加入了"。毛泽东在《新民学会会务报告》中说何叔衡是"这年 8 月第二批才入新民学会的"。何叔衡是会员中最年长者。他待人赤诚而热心，做事最肯出力，也最能刻苦。据后来一些新民学会会员回忆说："叔衡在学会中既是益友，又是良师。" 他常说："后生可畏，很乐于和青年交往。" 他最反对追求个人名利、升官发财。他说：做人要有志气，要为国家、民族做一番事业，不要斤斤于家庭、个人的利益。由于他感情热烈，开诚布公，正义凛然，受到其他会员的尊重和信任。1918 年 8 月 15 日，毛泽东、张昆弟、罗学瓒等二十多个新民学会会员，由长沙起程去北京，接洽赴法勤工俭学事项，长沙的会务遂由何叔衡负责。这年 11 月学会按照新章程改选，何叔衡当选为委员长，主持学会工作。在以后的一年中，会员增加两倍，达到七八十人。

一 思想准备

☆☆☆☆☆

（43岁）

“驱张”斗争

1919年，爆发了五四爱国运动。新民学会成了当时湖南反帝反封建的领导核心。当时，皖系军阀张敬尧统治着湖南，与其弟张敬舜、张敬禹、张敬汤四人，专横残暴，横行霸道，当时民谣说：“堂堂乎张，尧舜禹汤。一二三四，虎豹豺狼。”五四运动爆发后，张敬尧对学生运动横加镇压，更加激怒了青年学生和教育界、新闻界的进步人士。大家一致认为“张毒不除，湖南无望”。12月2日，长沙举行第三次（第一次是1918年夏，第二次是1919年7月）焚烧日货游行示威，在张敬尧的指使下，其弟张敬汤和义子张继忠，率领军警千余人包围会场，用武力将示威队伍冲散。何叔衡鼓励学生，不要怕，团结起来，把坪里的仇货烧光。学生们怕他挨打，护送他冲出会场。他说：“爱国不怕死，为民除害，死而何憾！”此后，毛泽东和新民学会会员认为，张敬尧劣迹昭彰，“驱张”有群众基础，决定开展声势浩大的“驱张”运动，12月4日，在楚怡学校召开了长沙市各校师生代表会议，由何叔衡担任主席。会上，提出了“张毒一日不出湘，学生一日不返校，教师一日不受聘”的斗争口号，并决定12月6日全市各校总罢课，获会议一致通过。

“驱张”期间，毛泽东、何叔衡、易礼容、彭璜等，印发了湖南各界“驱张”宣言，列举了张敬尧统治湖南的十大罪行：纵兵劫抢，滥发纸币，盗押矿产，强种鸦片，摧残教育，暗罪公民，钳制舆论，私加盐税，勒索军饷，伪造选举。后来，毛泽东、何叔衡等55人，还向北京、天津、上海、汉口、广州、郴州等地发出“驱张”通电。

△ 1919年11月16日,新民学会会员在长沙的合影(三排左八为何叔衡)。

为扩大“驱张”运动，何叔衡与毛泽东等又在楚怡学校召集了新民学会会员、学联骨干和教育界部分人士参加的紧急会议,决定组织“驱张代表团”,分赴北京、上海、汉口、衡阳、常德、郴州、广州等地，一方面伸张民气，扩大宣传；另一方面利用军阀内部矛盾和湘军急欲收复失地，从军事上压迫张敬尧。并组织“驻省驱张团”，负责联络，继续组织省内的驱张活动。

1920 年 3 月 1 日，何叔衡等赴衡阳，代表团到达衡阳，开展了各方面的工作：第一，以湖南公民代表名义，与其他代表团成员一道，以衡阳三师（湖南公立第三师范）为基地，以蒋先云、夏明翰

△ 湖南公立第三师范旧址

△ 1918年6月何叔衡（前排右三）与楚怡小学师生合影

等积极分子为骨干，首先将衡阳的学生发动起来，并以此为核心，组织湘南各界共同战斗。第二，开展宣传攻势，揭露张敬尧的祸湘罪行。3月12日，何叔衡、蒋先云、夏明翰等动员衡阳各界万余人在雁塔寺召开“驱张”大会，会后举行了声势浩大的示威游行，并通电北京和广州政府，请求撤惩张敬尧，代表团还创办了《湘潮》周刊，“做驱张运动的加紧鼓吹”，并发表通电，呼吁全国同胞大力声援，拯救湘人脱离水火。第三，何叔衡等与北京、上海等地的“驱张”代表团紧急配合，扩大“驱张”声势。第四，利用驻衡阳直系军阀吴佩孚与张敬尧的

△ 1919年冬，驻衡阳驱张请愿代表团合影（二排左三为何叔衡）

矛盾，动员群众向吴佩孚请愿，促使吴佩孚对张敬尧施加压力；联络驻郴州一带的湘军首领谭延闿等以军事实力向张敬尧进逼，以加强“驱张”运动的力量。

“驱张”运动成了全国性的反对北洋军阀割据残民的运动。张敬尧如坐针毡，通电全国，下令查办何叔衡，将他革出教育界，“永不叙用”。何叔衡毫不畏惧，付之一笑，仍积极领导斗争，往来于长沙、衡阳、郴州之间。何叔衡带领学生步行耒阳、资兴、临武、宜章等县，沿途进行宣传，以发动群众。一路上很辛苦，许多人脚都走肿了，而他却情绪高昂，精神抖擞，晚上不是听取汇报，就是撰写稿件。

在湖南学生和教育界开展“驱张”之际，直、皖两系军阀利害冲突日趋剧烈，驻湘直系部队急欲北上以统一力量。1920年5月25日，吴佩孚开始后撤，却与谭延闿、赵恒惕默契：吴军退一步，湘军即进一步。在强大的社会舆论的严厉指责和湘军的步步进逼下，张部不战自溃。6月11日，张敬尧乘船遁往岳州。26日，张军全部退出湖南省境。“驱张”取得了胜利。由于何叔衡在“驱张”运动中的表现，毛泽东在1920年4月称赞他说：

“叔翁办事，可当大局。”

创办文化书社

“驱张”斗争的胜利，为马克思主义在湖南的传播创造了一个较为有利的客观环境。为了在湖南宣传马克思主义，何叔衡首先与毛泽东等人创办了文化书社。湖南在张敬尧统治期间，思想文化

△ 毛泽东等人在湖南创办的长沙文化书社旧址

界一片乌烟瘴气，一切新生事物遭到摧残，新文化运动未能开展，新的书籍报刊很少看到，“湖南人脑子饥荒实在过于肚子饥荒，青年人尤其嗷嗷待哺”。因此，在湖南创办一个推销各种新书刊的机构，实系当务之急。为解决其筹建时的经费问题，何叔衡除了将自己能拿出的钱给了书社外，还四处奔波，多方筹集。他曾在望麓园开办织布厂，当这个厂资金不足经营困难时，何叔衡凭借他在亲友中的威信，借来了一定的资金，使织布厂在经济不足的压力下,亦能够继续开办下去。1920年8月1日，在楚怡学校召开了文化书社发起人会议。9月9日，文化书社在长沙潮宗街56号开张营业，何叔衡随即在楚怡学校设立贩卖部。接着又和姜梦周在宁乡创办了文化书社分社。后又介绍夏明翰到文化书社工作。

组织俄罗斯研究会

1920年8月1日，何叔衡和毛泽东、彭璜等联合教育界、新闻界进步人士，假长沙县知事公署，组织了俄罗斯研究会。何叔衡在会上宣读了研究会的简章，并被推举为研究会的筹备人员之一。俄罗斯研究会成立后，在介绍俄国情况、推动湖南人民研究俄国方面起过重大作用，并介绍过一些进步青年，如萧劲光、任弼时等赴俄学习。

参加“湖南改造促成会”

1920年6月，毛泽东、何叔衡、彭璜发表了“湖南改造促成会”发起宣言。9、10月间，毛泽东领导“湖南改造促成会”，大力开展湖南人民自治运动。何叔衡是这一运动的积极参加者和宣传者。10月5日，毛泽东、何叔衡、彭璜等377人签名建议：由“湖南革命政府”召集“湖南人民宪法会议”制定“湖南宪法”以建设“新湖南”。要求谭延闿、赵恒惕政府召开湖南人民宪法会议，以制定“湖南宪法”。10月8日，毛泽东、何叔衡等二百余人集会于长沙教育会坪，要求谭延闿、赵恒惕政府要制定人民宪法会议条例。10月10日，何叔衡参加省会各界两万多人要求实现人民自治的请愿游行。11月7日，毛泽东、何叔衡、彭璜领导新民学会会员等团体举行长沙各界庆祝俄国十月革命三周年大会和示威游行。

任湖南通俗教育馆馆长

1920年9月，何叔衡因在“驱张”运动中的贡献，被湖南省教育委员会任命为湖南通俗教育馆馆长。何叔衡利用馆长职务的有利条件，在传播新文化、开展建党准备工作方面，做了三件事情。

第一，刷新了该馆所发行的《湖南通俗报》。该报原名《湖南通俗教育报》，创刊于1914年1月，系一种四开四版的小报。张敬尧统治时期，馆长是张敬尧的同乡，报纸每天登载多为政府文告和从大报剪贴、摘抄的消息、文章，内容贫乏，形式呆板，发行数量少，阅读的人也不多，实际上是为省政府粉饰门面的装饰品。何叔衡接手后，根据毛泽东的意见，在新民学会会员谢觉哉、熊瑾玎、周世钊、邹葆真等人的帮助下，把这张小报办成了提高人民思想觉悟的有力的宣传工具。报纸着重刊载宣扬新思想的文章，主张劳工神圣、妇女解放、文学革命、民众联合，反对吃人的礼教，反对贪官污吏；反对军阀，敢于说话，敢于提出别人不敢提出的问题，揭露问题，态度明朗，文章短小精悍，文字浅显生动，深受广大群众欢迎。几个月后，发行量大大增加，不但工人、市民爱看，

湖南通俗報

△ 何叔衡任湖南通俗教育馆馆长时的《湖南通俗报》

农民也有订阅的，中小学还把它作为课外必读物，何叔衡曾任教过的宁乡云山学校，几乎人手一份。

△《湘江评论》印刷处旧址一块牌子

《湖南通俗报》在毛泽东的热情帮助下，办得极其鲜明生动，敢于说话，敢于提出别人不敢提出的问题。和毛泽东主编的《湘江评论》、《新湖南》周刊等一样，揭露旧制度，传播新思想，聚集革命力量打击反动势力，起了很好的作用。但思想顽固的人，反说《湖南通俗报》宣传“过激主义”。通俗教育馆里有个讲演部主任，常跑到赵恒惕那里说何叔衡的坏话。说他“专听毛泽东的话，这些人都是过激派，天天在报纸上对政府的措施进行冷嘲热骂”，赵恒惕的亲信也对赵恒惕说：“政府自己的报纸专骂政府，本来是教育民众的通俗报，变成了宣传过激主义的刊物，真是岂有此理。”对于这个阶段的《湖南通俗报》，坚决反共的李抱一曾说：“其时何、谢已染共产之说，思想态度渐违轨道，往来者为毛泽东、夏曦、郭亮、李维汉、易礼容、姜梦周辈，皆共产党首领，盖欲借此为散布共产种子之机关矣。”但他又不得不承认：“迄何叔衡为馆长，谢觉哉为总编辑，改名《湖南通俗日报》，振衰起敝，全体改成白话，精神焕然，销数激增，时人多称之。”

1921年6月11日，赵恒惕政府以“宣传过激主义”

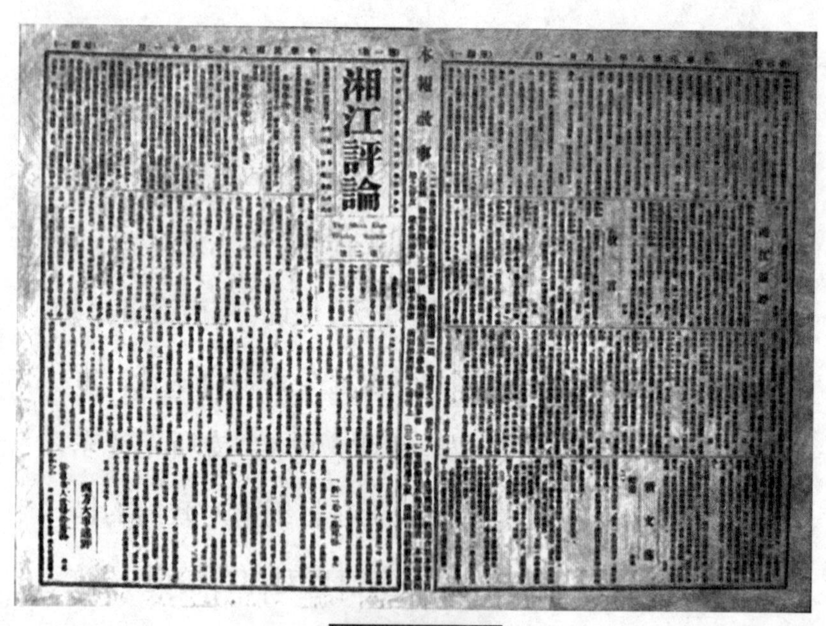
湘江評論

△《湘江评论》

的罪名，撤了何叔衡通俗教育馆馆长的职务，《湖南通俗日报》也随之被勒令停刊。

第二，培育革命干部，宣传革命思想。何叔衡利用馆长的身份和馆里的经费，以通俗教育讲演所的名义，聘请了一批思想进步的小学教员充当通俗讲解员，下乡向农民读报作宣传，既扩大了新文化的传播，亦培养了干部。

第三，进行革命联络活动。这时，何叔衡与毛泽东已在长沙开始进行建党的准备工作，何叔衡以通俗教育馆作为开展革命活动的联络中心，经常约集新民学会会员的有关同志在此谈论建党工作中的有关问题。

1920 年 8 月，陈独秀等在上海建立了中国共产党最早的组织。9 月，毛泽东为在湖南培养建党骨干，在长沙组织新民学会会员中的积极分子学习马克思列宁主义，何叔衡和彭璜、陈昌、熊瑾玎、郭亮、夏曦、萧述凡、易礼容等参加了学习。

坚信马列

1920 年 7 月 6 日至 10 日，留法的新民学会会员蔡和森、萧子昇等 14 人在法国蒙达尼开了五天会，会上提到“改造中国与世界”等问题并进行热烈的讨论，蔡和森等多数会员主张仿俄国方法，组织共产党，实行无产阶级专政。萧子昇等另一些会员则认为不可以“一部分的牺牲，换多数人的幸福”。主张温和的革命，以教育为工具的革命。蔡和森、萧子昇等将他们争论的情况写信告诉毛泽东等人，征求国内会员的意见。这时，美国鼓吹实用主义的杜威和美国唯心主义哲学家罗素，先后来湘讲学。鼓吹资产阶级改良主义，攻击马克思主义和俄国革命，使一些进步青年迷惑起来。在长沙的新民学会会员中也引起了不同的反响。

为了明确新民学会的方向，毛泽东与何叔衡等商议后，于1921年1月1日至3日在文化书社开会三天，讨论“新民学会应以什么作为共同目的”、“达到目的须采用什么方法”、“方法进行即刻如何着手”等重大问题。三天会议均由何叔衡主持。关于“达到目的须采用什么方法”，何叔衡首先发言：“主张过激主义：一次的扰乱，抵得20年的教育，我深信这些话。”毛泽东同意何叔衡的意见，肯定“急烈方法的共产主义，即所谓劳农主义，用阶级专政的方法，是可以预计效果，故最宜采用”。并对所谓的社会政策、社会民主主义、无政府主义、温和方法的共产主义（罗素所主张极端的自由）等进行了批判。表决中，参加会议的十七人中，赞成何叔衡和毛泽东的意见者十二人，赞成德谟克拉西者二人，赞成温和方法的共产主义者一人，未表决者三人。关于“方法进行即刻如何着手”问题，何叔衡又首先发言：“一方面成就自己，多研究；一方面注重传播，从劳动者及兵士入手。将武人政客财阀之腐败专利情形，尽情宣布；鼓吹劳工神圣，促进冲突暴动。次则多与俄人联络。如陈炯明之类，亦宜接洽。”得到与会者一致的赞同。

通过这次讨论，明确提出中国革命应走十月革命道路的主张，赞成布尔什维克主义，新民学会的宗旨由民主主义转向马克思主义。何叔衡在会上的发言，对会议起了重要作用，也表达了他对马克思主义的坚定信仰。

湖南建党

☆☆☆☆☆

（44–45 岁）

成立共产主义小组

1920 年 8 月上海共产主义小组成立后，向北京、武汉、长沙等地发信，毛泽东接信后，开始着手筹建长沙小组。“1920 年，新民学会出现了分裂”，在毛泽东、何叔衡等的领导下，将那些热衷于共产主义的人，形成了一个单独的秘密组织，即长沙共产主义小组。但在正式发起建党文件上签名的，起初是六人，到“一大”已发展到十人（一说约十人）。除毛泽东、何叔衡外尚有彭璜、贺民范、萧铮、陈子博、夏曦、彭平之等。

参加“一大”

1921年6月29日傍晚，毛泽东到通俗报馆，很快便邀请了何叔衡，带着自己简单的行李，悄悄离开长沙，踏上了停靠在长沙码头的一艘小火轮，挤在三等舱

△ 中共“一大”会址

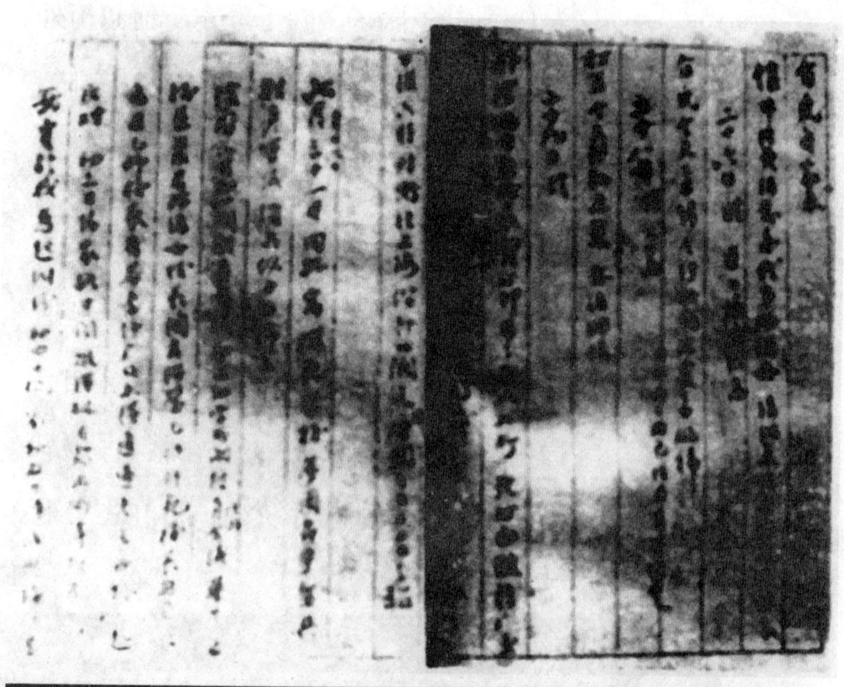

△ 1921年6月29日谢觉哉在日记中记载了毛泽东和何叔衡去上海参加党的“一大”的情况

里，代表湖南共产主义小组，赴上海出席中国共产第一次全国代表大会。

据王凌波烈士的夫人姜国仁回忆说：“这在当时是很秘密的，我当然一无所知。1941 年，我到延安后，曾为此事问过谢觉哉同志。谢老说：‘我也不怎么清楚，只记得是在傍晚，黑云蔽天，似将大雨，忽然听说何胡子和润之到上海去，我们感到很突然，提出送行，他们却拒绝我们送上轮船。何胡子有事从不瞒我，这一回这样谨慎，我猜想一定事关重大，非同一般。’” 谢觉哉 1921 年日记记载:“6

△ 中国共产党第一次代表大会会场

月29日下午6时，叔衡往上海，偕行者润之，赴全国△△△△△之招。”当时何叔衡去参加会议时，会议的名称都不能公布，谢老的日记只能用五个△符表示“共产主义者”。

1921年7月23日，中国共产党在上海召开的第一次成立大会，是在一间

△ 中国共产党第一次全国代表大会纪念船（嘉兴南湖）

△ 中共“一大”代表何叔衡（字玉衡）姓名书法

小小的房子里（后移到浙江嘉兴南湖开会，一天而结束）。到会全体十二人（一说十三人），代表五十多名党员，七个地区——广州、北京、湖南、上海、山东、汉口以及在日本的党员。在到会的代表中，“湖南来的两个代表起初不怎样引起大家的注意，但是后来大大地显得与众不同”。“当时毛泽东同志虽然只是个 28 岁的青年，但他身体高大英俊，谈吐不凡”，“他所代表的组织已经有了实际工作成绩”;“而且又有40开外，留着八字胡，老成持重的何叔衡，所以湖南代表给到会者留下了深刻的印象”。

建立湖南支部

中共第一次代表大会后，毛泽东与何叔衡回到了湖南。

“一个秋凉的日子，在长沙城外协草坪旁边的公共坟墓场里，有几个人在散步。他们一时沉默地站在坟墓堆子和墓碑的中间，一时在坟墓中间的小路上走动，彼此热烈地谈话。在高高身材背略有点躬的毛泽东同志的旁边，走着宽肩膀，矮矮身材，一口黑胡子的何叔衡同志。此外还有三个人，内中有异常热诚朴实的湘乡人彭平之同志，这五个人这一天在这里讨论组织湖南共产党的问题。”

1921年10月10日，中共湖南支部成立，毛泽东任书记，何叔衡、易礼容等为委员。1921年冬至1922年，除长沙外，衡阳、平江、安源、岳州，常德等地，都发展了党员，成立党的小组或支部，1922年5月底，中

△ 中共湖南支部旧址

共湘区执行委员会（简称“湘区委”）成立。书记毛泽东，委员为何叔衡、易礼容、李隆郅（即李立三）等，后增加郭亮、夏曦、夏明翰。

湖南建党“老母鸡”

湖南建党后，何叔衡积极发展党的

组织。

1921年10月10日，即中共湖南支部成立的这一天，何叔衡与毛泽东吸收了郭亮加入中国共产党。

1921年秋，何叔衡在省立一师附小教书时，首先介绍许抱凡参加中国共产党。据许抱凡回忆："那时在岳麓山爱晚亭开第一次会时，还只有七个党员。"

1922年8月，何叔衡介绍姜梦周入党。据谢觉哉回忆："姜梦周同志入党很早，记得在长沙秘密开支部会时，他报的号为十九号，大概是湖南入党的第十九名。"

1925年6月，何叔衡介绍云山学校校长王凌波入党。后来，王凌波在自传中回忆说："自加入本党后，才知道单是做个好人，还不够真正做人的意义。从此便想努力做一个为大众服务的革命者。"这一年的8月，谢觉哉到湘江学校教书，何叔衡介绍他参加中国共产党。1941年谢觉哉在延安写的自传中，回顾入党前后的思想认识时说："我不能说我的参加革命是由于懂得革命理论或阶级仇恨来的，而只能说是固有的正义感与道德观念支配我的人生。"

湖南早期的革命烈士，如贺尔康、夏明翰、何立前

等的入党介绍人都是何叔衡。贺尔康，湖南湘潭县人。1922 年由于家贫，在毛泽东的帮助下，到长沙入湖南自修大学补

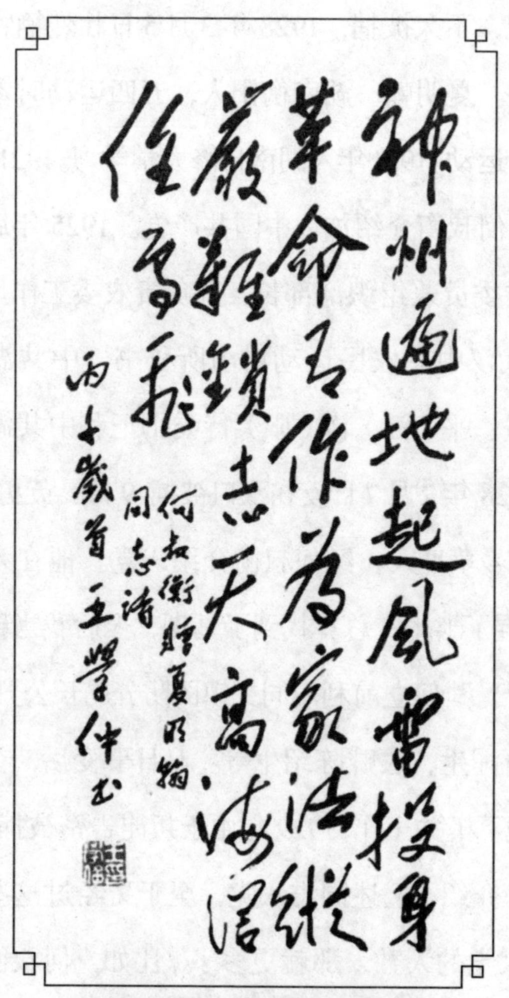

△ 何叔衡赠夏明翰诗，王学仲书。

习班学习，后又免费入湘江学校。1925 年经何叔衡介绍加入中国共产党，入广东农民运动讲习所学习。后回湘潭、长沙等地从事农运工作。马日事变后，任中共长沙近郊区区委书记，不久被捕，1928 年 3 月 5 日壮烈牺牲于长沙浏阳门外。夏明翰，湖南衡阳人，五四运动时参加衡阳爱国学生运动。1921 年入湖南自修大学学习。1921 年冬，经毛泽东与何叔衡介绍加入中国共产党。1925 年后任中共湖南区委委员兼组织部部长，并负责农委工作。1927 年起历任武汉中央农民运动讲习所秘书、中共湖南省委常务委员、平（江）浏（阳）特委书记和中共湖北省委委员。1928 年 2 月 7 日夜在汉口被捕，9 日晨英勇就义。何立前，宁乡草冲人。经何叔衡介绍入党。他在入党宣誓时说："混了半生，总算找到了真理，今后我当鞠躬尽瘁，死而后已。"何立前利用同文镇团防分局长公开身份，镇压劣绅萧泽生、农贼陈绍生等。马日事变后，在中共湖南省委地下机关工作，1929 年由于叛徒告密被捕牺牲。

何叔衡介绍了上述同志入党，至于又经过这些同志介绍他人入党的人数，那就更多了。比如，何叔衡介绍宁乡的谢觉哉、王凌波、姜梦周入党，那么经谢觉哉、王凌波、姜梦周介绍入党的比何叔衡一个人介绍的就要多得多。1925 年 2 月中共宁乡第一个支部建立，直属区党委领导，参加第一批入党宣誓的党员已达十一人。1926 年 5 月，宁乡全县已建立二十多个中共支部，共产党员约七百人。这好比母鸡下蛋，蛋变鸡，鸡又下蛋……故何叔衡则被人们亲切地称作湖南建党的“老母鸡”。

培训干部

☆☆☆☆☆

（45–50 岁）

办湖南自修大学

为传播马列主义，培训革命干

△ 湖南自修大学旧址

部，加强党的建设，毛泽东与何叔衡等于 1921 年 8 月，利用船山学社的房屋和经费，办起了湖南自修大学。何叔衡曾任驻校校董。湖南自修大学被人们誉为“湖南革命的策源地”。何叔衡与毛泽东等用自修大学的名义开展各种革命活动，经常在这里组织对马克思主义的讨论，从学员中培养和发展党员，夏明翰就是在这里经毛泽东与何叔衡的介绍，

△ 任湖南自修大学补习学校主事时的何叔衡

于1921年冬入党的。

自修大学因招生的条件较高，不能适应一般的知识青年，为使长年失学、有志向学的青年，或不满意于私塾的青少年有继续升学的机会，1922年9月，湖南自修大学附设了补习学校（后附设初中班）。何叔衡任补习学校主事（校长），并担任补习班的教员。何叔衡讲课通俗易懂，深入浅出，如讲到资本家剥削工人、地主剥削农民时，声音特别大，拍案怒骂吃人的旧社会，对青年学员影响很深。学员纷纷说："何先生这么一讲，使我们仇恨剥削阶级的火燃烧起来了，真是要终生为革命斗争啊！"

在湖南自修大学期间，何叔衡不但经常教育学员要为革命而学习，他自己也是身体力行。何叔衡总是天刚蒙蒙亮就起床，坐在书桌前认真地学习，有时还高声朗读。有些青年贪睡，对何叔衡早读有意见。一次几个小青年趁他全神贯注地学习，偷偷地把他的房门反锁了。当摇铃吃早饭时，拉不开门，何叔衡焦急地在房里大喊。事后，他对这几个青年进行了耐心教育，并深有体会地说：我年纪大了，不拼命学习，怎能胜任工作呢？你们将来也许会体会到的，希望你们把全部精力放在学习上。

建立湘江学校

湖南自修大学及附设补习学校，由于宣传了革命思想，推动了当时的革命，影响日益扩大，引起反动派的惶恐不安。1923年11月10日，赵恒惕政府竟以“该校所倡学说不正，有碍治安”为由，悍然封闭了湖南自修大学及附设补习学校。对此，党组织早已有所准备，在自修大学及附设补习学校被查封后，湖南省委所筹办的一所正规中学——湘江学校，于1923年11月24日开课了。原自修大学的二百多学生，大部分转到了这个学校。

湘江学校分中学和农村师范两部。最初的校长是罗宗翰、易礼容，他们的任职时间均不长。1924年冬以后，由何叔衡担任校长。不久，震撼全国的五卅运动爆发了，阶级斗争更加激烈，赵恒惕发布“四斩”令。学校面临两方面的严峻考验。第一，白色恐怖政策。赵恒惕的“四斩”令下，“学校乃居恐怖之中，而暗探则无日无枉顾也”。第二，经费奇缺。赵恒惕曾两次下令封闭，教育司虽“未允执行”，但经费大受其影响，至1925年暑假后，“校中所负债务，已近六千，不独教薪无着，伙食且不易支持”。对此，何叔衡一方面团结全校师生员工，坚持奋斗。“各教职员大半不支薪，努力从事，未尝稍萌退志。”一方面四处活动，千方百计想办法，争取社会的同情与支持。为此，何叔衡曾组织千元储蓄会，扩大捐资。终于解决了湘江学校严重的经费困难。

湘江学校继承了湖南自修大学的优良传统，“以启迪学生，使为健全的战士，为国民除障碍，为民族争自由”为宗旨。在教学内容方面，“于应教之功课尽力教授外，并注意下列各项教材：“一、注意解释近代的国耻史，使学生了解中国民族受压迫的来源，及其因果关系。二、注意解释帝国主义政治、经济、文化的各种侵略方式。三、指示学生注意时事，多出关于讨论时事方面的作文题，并演讲国内外所发生的问题及应付的办法。四、注意演讲国际形势，被压迫民族独立运动之趋势。五、指导学生或领导学生参与各种爱国运动，暴露军阀的罪恶，使他们与实际政治发生关系。六、注意农民问题，使学生了解农人的生活状况，及解决方法。”在对学生的要求方面，根据教育宗旨，制定了考查学生操行的十条标准：“一、为公众服务的热忱。二、对团体公意的服从。三、做事有责任心。四、自己有主张。五、不自私自利。六、革除恶习的勇敢。七、规律的生活。八、对现代研究的注意。九、科学研究的态度。十、合理的反抗性。”

湘江学校于1924年9月开办了农村师范部。中共湖南党组织认为“国民革命非百分之八十的农民参加不可”。农村师范部“专以养成农村学校教授人才，促进农村教育为宗旨”。“他的目的在造一班农村运动人才，到乡间去做农民运动，组织农民，教育农民，使农民了解痛苦的来源，及与求到解除痛苦的方法。”

1927 年 3 月 19 日，湘江学校师生举行同乐会，宣告正式收束。在闭幕时，何叔衡致临别赠言：湖南自修大学、湘江学校是湖南革命的策源地，全体师生“好比是酒药子”——革命种子，“希望这些酒药子到各处去发酵”，生根开花。

何叔衡为办好自修大学补习班和湘江学校呕心沥血。他对学生的学习、思想十分关心，待学生“比自己的亲子还过”。经常找学生谈心，做过细的思想工作。

湘江学校为党培养了许多坚强的革命干部，成了真正的党的学校，被誉为“湖南革命的先锋”，其中农村师范部的毕业生，在大革命时期绝大多数都成了农民运动的骨干。在湘江学校农村师范部毕业的宁乡县的学生，共 28 人，后来都是基层农运的领导者。

参与领导工人运动

何叔衡在自修大学和湘江学校期间，参与领导了

△ 中国国民党第一次全国代表大会会场

湖南工人运动。

1922年8月，何叔衡由毛泽东派往武汉与湖北党组织负责人林育南等联系，取得一致意见，决定共同领导粤汉铁路武长段工人的罢工斗争。9月，罢工斗争遭到镇压，死伤和捕去的共达二百多人，郭亮等三十多人被捕，押送武昌陆军监狱。何叔衡再次由湘区委和毛泽东派往武汉，与湖北党组织和武汉分部联系，共商营救被捕工人和坚持斗争的办法。在两省工人的坚持斗争和全国铁路工人的有力支持下，郭亮等被捕人员均获释放，罢工斗争终获胜利。

重建国民党

何叔衡在湖南自修大学和湘江学校期间，在湖南重建国民党。

1923 年 6 月党的"三大"正式确定了与以孙中山为首的国民党建立革命统一战线的方针后，湖南党组织即开始帮助国民党发展组织，建立党支部。1924 年的国民党第一次全国代表大会后，何叔衡就在宁乡指定共产党员许抱凡及梅冶成负责"民运"，在农民中发展国民党员，秘密组织国民党。又介绍王凌波加入国民党（1925 年五卅运动后，他又介绍王凌波加入共产党）。1925 年 5 月 25 日，湖南国民党在长沙岳麓山蔡锷墓庐秘密召开了第一次全省代表大会，正式成立了国民党湖南省党部。何叔衡等共产党员当选为国民党湖南省党部第一届执监委员。此后，湘江学校即成为国民党湖南省党部经常开会的地方。1925 年 5 月，何叔衡又到常德帮助整顿和改组了国民党组织。周恩来在《关于 1924 年至 1926 年党对国民党的关系》一文中指出 :“是我们党把革

△ 国民党湖南省党部旧址

△ 中国国民党第一次全国代表大会会场

命青年吸引到国民党中，是我们党使国民党与工农发生关系。”在谈到当时各省国民党的主要负责人大都是我们的同志时，在湖南就举了何叔衡和夏曦。

1926年6月，叶挺独立团进入湖南。7月12日，北阀军攻克长沙，结束了赵恒惕对湖南五年的统治。8月16日，国民党湖南省党部召开第二次代表大会，何叔衡随军由衡阳回到长沙，参加了这次代表大会，并被选为第二届监察委员。代表大会接受了中共湖南区委的建议和区委对湖南政局的宣言，通过了支持农工运动的各项决议案和大会宣言，促使

△ 叶挺独立团团部旧址纪念馆

工农运动蓬勃发展，何叔衡工作特别卖劲儿，身兼数职，先后任湖南省法院（即控告法院）陪审员、惩治土豪劣绅特别法庭成员、省中山图书馆馆长、水口山矿局监理、《湖南民报》馆长等职。1926年10月，何叔衡以国民党省部监察委员和水口山矿局监理的身份，到水口山传达党关于大力开展农民运动的指示与发展国民党的党务时，受到工人群众的热烈欢迎。1927年4月，何叔衡被选为中国济难会湖南总会执行委员兼财务委员，他工作严肃认真，敢于负责，无私无畏，在党内党外享有很高的威信。

地下斗争

(1927—1930)

巧妙脱险

★★★★★

（51岁）

1927年5月21日，湖南军阀何键部许克祥团在长沙叛变革命，制造了反共的马日事变。当时何叔衡正在宁乡林山寺、五里堆、石板上等地指导农民运动。

何叔衡闻讯后，星夜赶到宁乡县城。这时他得知长沙城内情况十分严重，革命团体、机关全部被捣毁，革命者的鲜血染红了长沙城的大街小巷。但为了寻找党的组织，反击反革命逆流，他不顾严重的白色恐怖，毅然化装，连夜奔赴长沙城。

23日凌晨，他从宁乡到达荣湾镇，

然后再搭乘轮渡过湘江，进到市区，穿过大街小巷。不料，刚走进戥子桥时，被国民党军警逮捕，并将其押送至小吴门外一间戒备森严的密室进行审讯。

审讯时，何叔衡装老憨，临危不惧，用自己的机智和老成持重战胜了敌人。

敌人从外表看他：不像是个造反的共产党人。头发胡子发白，面色苍老，谈吐举止倒像个乡村老学究。

敌人问他的姓名和职业时，何叔衡便不慌不忙地说："门下弟子皆称吾张贤师也。"接着何叔衡摇头晃脑，一字不漏地背诵《论语》来了。

敌人听得有点不耐烦了，便立刻打断了他的背诵，大声问："你知道什么是国民党和共产党吗？"何叔衡立刻回答说："吾乃学者，焉能不知，吾知之甚详也。"

紧接着敌人便说："那么，你把所知道的谈一谈看看。"何叔衡故意荒唐地说："国民党即三民主义是也，共产党乃五权宪法之倡导者。"逗得敌人哄然大笑起来。何叔衡又说道："子曰：学而时习之，不亦说乎，温故而知新，古今恒也，非戏言哉，君勿笑矣。"

经过上述审问，凶狠而愚蠢的敌人认为何叔衡是一位

"真正的私塾先生"，便呵斥一声："别啰嗦，滚出去！"

何叔衡用这种似乎荒唐的说法和镇定自如的姿态，哄骗敌人，脱离了虎口后，他立刻离开了长沙。当敌人得知他不是"私塾先生"，而是"共党首领"何叔衡，再急忙下令派兵满城搜捕时，何叔衡早已踏上了去上海的旅途，准备到上海坚持党的地下斗争。

进入上海

（52–54 岁）

何叔衡到上海后，担任互济会书记。1928 年春，他同徐特立、谢觉哉一道，在上海筹办“聚成印刷公司”，印刷党内文件和报刊，也对外营业，承印商业广告、商标、簿记等，安置一些地下党人在厂内工作。

何叔衡1928年5月至1930年6月，去苏联学习。

1930年7月,何叔衡回到上海,仍领导互济会的工作。这时，他的二女实山、三女实嗣也在上海聚成印刷公司的一个工厂做工。何叔衡经常教育她们说：要随时提高警惕，严防被叛徒出卖；在任何情况下都要严守党的机密；要有随时为革命献身的思想准备。并教以对付敌探和审讯的斗争策略。

1930年9月26日，印刷厂遭破坏，实山、实嗣被捕，实嗣的爱人杜延庆也在《红旗报》印刷厂被捕。不久，实山的爱人夏尺冰由于叛徒出卖，在长沙被捕。实山、实嗣经过地下党营救，均以印刷厂学徒身份被保释出狱，杜延庆则被判刑8个月，刑满后，亦获释放。可是，夏尺冰被湖南军阀何键惨杀在长沙的大马路上。何实嗣出狱后的一天，何叔衡对她说：“你们被捕后，我有好多夜晚睡不好觉，心情沉重，在屋里走来走去，想得很多。人总是有感情的，虽然干革命总会有牺牲，一旦灾

△ 何叔衡在上海开办聚成印刷公司时穿的长衫

祸落到自己头上，也还是不能完全克制自己的感情。因为我身边只有你们四个亲人，一个已经被杀害，你们又在狱中……后来，我特意了解过，知道你们没有暴露身份，所以我才向上级党组织建议营救你们。”何实山出狱后，何叔衡把她叫到身边，声音悲哽地说：“你要坚强些，尺冰已经牺牲了。一个共产党员就是要坚决和敌人斗，流血牺牲是难免的。他不庸庸碌碌老死在病床上，而是为革命死在大马路上，这是光荣。”以安慰教育女儿化悲痛为力量，继续做好革命工作。

1931年8月以后，由于蒋介石对红军第一、第二、第三次反革命“围剿”连遭惨败，国民党反动派在白区更加疯狂地进行大逮捕、大屠杀，上海环境日益险恶，党组织决定要何叔衡转移到江西中央苏区，临行前，他将何实山、何实嗣、杜延庆找去吃饭，谆谆教育女儿说：做共产党员的就应该是不怕死的。我们

△ 1932年1月何叔衡在中国共产党苏区中央局（左二为何叔衡）

从入党的那天起，就把自己的一切，包括自己的生命完全交给了党。并把他赴苏途中改写的旧诗拿了出来，特别解释“此生合是忘家客”一句，要三个亲人抱定舍身忘家的革命决心。同时又安慰鼓励女儿说：“你们将来也会有机会到苏区去，那时我们又会在一起的。”临行前，何实山给他赶编了一件毛衣，他也给了实山一只刻有“衡”字的戒指。

苏联学习

1928 年 5 月，党中央派何叔衡去苏联学习。他路过哈尔滨时，有感于国事家事，遂改写陆游《剑门道中遇雨》一诗。诗曰：

身上征衣杂酒痕，
远游无处不销魂，
此生合是忘家客，
风雨登轮出国门。

“忘家客”，指舍小家为大家的职业革命家。在蒋介石背叛革命，屠杀共产党人和革命人民的严峻时刻，何叔衡肩负着时代的使命，昂然登轮远离祖国，去苏联学习革命的真理，以利更好地战斗。

5月底，到达莫斯科，他参加了6月18日至7月11日中共在莫斯科召开的第六次全国代表大会。9月，经党中央介绍，何叔衡、董必武、林伯渠、徐特立、吴玉章、叶剑英等十多位老党员，到莫斯科中山大学（后改名为“中国劳动者中山共产主义大学”）特别班学习。这个班的学习内容偏重于对革命理论和领导方法的研究。为了革命的需要，他学习十分刻苦，有时为了熟记一个俄文单词，要读几百遍甚至上千遍。被大家称之为“学习上永不疲倦的人”。

1929年，莫斯科中山大学开始清党，何叔衡与董必武、徐特立一起经常商讨斗争策略，写文章出壁报，批判托派的错误言行，时常忙到深夜。该校一个学员后来在延安对谢觉哉说：“莫斯科支部清党斗争，何老是第一个。”当时，人们对王明等搞宗派活动还不甚觉察，但何叔衡却看到了。据徐特立回忆这场斗争时说："在莫斯科我们几个年老的同志，政治上是跟叔衡同志走的。开头都说叔衡同志笨，不能做事。清党事起，大家

△ 莫斯科中山大学旧址

还摸不着头绪的时候，叔衡同志就看到了，布置斗争，很敏捷很周密。”何叔衡回国后，在上海对谢觉哉说：中山大学清党一年多，他最后一次发言就做了结论。

学习期间，何叔衡身在国外，心系国内，时刻关注国内情况和斗争。

1927年1月，他在给哥哥玉书、玉明的信中说：“我在此阅中国报纸，见白崇禧在北京演说词云，湖南自去年起死去十七万人。又12月报载，河南饥民有六百万人，即此之事，可见中国之一切情形矣。”同年8月，他在写给过继来的儿子新九的信中又说：“前阅报章，云湖南夏秋又遭旱灾，并非常普遍。到底情形怎样？颇难释念。”

在何叔衡的家信中，且一再告诫家人，在白色恐怖下，要有革命的乐观主义精神，要挺起腰杆。他说：“凡事只有快快活活地去想，天大地大的事都是如此。”“不要向别人乞怜，须知现在被压迫的太多，都是可怜的人，所以乞怜是空的。”他还说：“我不希望我家活多人，只望活的人要真活，不要活着还不如死。”他教育自己的家人，不管时局变化如何，都要立足现实，“做对于现时人生有益的事”。他说：“幸福绝不是天地鬼神赐给的，病痛绝不是时运限定的，都是人自己造成的。”“我平生对于过去的失败，绝不懊悔，未来的侥幸，绝不强求，只我现在应做的事，不敢稍为放松，所以免去许多烦恼。”他在给儿子新九的信中，还一再表明自己的志愿，借以对儿子进行革命的教育。他说：“我承你祖父之命抚你为嗣。……当你过继结婚时，即已当亲友声明，我是绝对不靠你供养的。且我绝对不是我一家一乡的人，我的人生观，绝不是想安居乡里以善终的，绝对不能为一身一家谋升官发财以愚懦子孙的。此数言请你注意。”

进入苏区

（1931—1935）

内务工作

（55–57 岁）

1931 年秋，何叔衡化装为富商大贾，离开上海，经香港、广东、闽西，秘密地进入中央革命根据地的中心瑞金，住在叶坪。他的住处与毛泽东的住处仅隔三十余米。

1931 年 11 月 7 日至 20 日，中华工农兵苏维埃第一次代表大会在江西瑞金叶坪谢家祠堂隆重召开，成立了中华苏维埃共和国临时中央政府，毛泽东当选为主席，何叔衡被选为中央执行委员会委员。11 月 27 日中央执行委员会召开第一次会议，何叔衡被选为工农检察人民委员。1932 年 1 月 27 日中央政府人民委员会召开第五次常会，决议在目前人民委员周以栗因病请假期内，其部长暂由何叔衡兼任。2 月 19 日中央政府人民委员会召开第七次常会，决议组织临时最高法庭以判决重要政治犯，委何叔衡为临时最高法庭主审。4 月 22 日临时中央政府人民委员会召开第十二

△ 1931年11月7日，中华工农兵苏维埃第一次全国代表大会在江西瑞金召开。图为中华工农兵苏维埃第一次全国代表大会会址。

次常委会，决议项英出席江西省苏大会并指导一切工作，项英各种职务暂由何叔衡代理。还兼任各级苏维埃政府干部训练班主任和教育委员会委员等职。凡检察、民政、司法、干部训练教育、内务后勤等等，都由他主管，身兼数职，面对一个个重大任务，他二话不说，都一一愉快地接受下来了。毛泽东曾对他说过：临时中央政府成立不久，人手缺乏，许多章程还不完备，现在把重担子都压在你肩上了，真是不得已呀。当时，何叔衡已年过半百，他以老骥伏枥的精神，不辞劳苦，夜以继日地工作着，在各个方面都作出了显著的成绩。

统一邮政

闽赣两省所办的赤色邮政，过去由于都是各自为政，组织不统一，办法也各不相同，且组织涣散，致使交通停滞，两日内可以到达的信件，迟至10日才能送到，遗失邮件的事时有发生。这样，不仅对苏区交通没有帮助，而且防害当时对敌斗争行动。何叔衡指出：内务部“为整顿邮政便利起见，特决定两省邮政，统一办法，并宣布自5月1日起，开始实行下列各项：

一、建立中央邮政总局，统一中央区的邮政，在各省设立邮政管理局，各县及各交通要道，分设甲乙两种邮局，在非交通要道之地，设邮政分局及邮政代办所，从前闽赣两省所设的各样名目，概行遵照新章更名。

二、制定邮件寄费新章和新式邮票四种，以资统一。自5月1日起，一律按照新章实行。从前闽赣两省所规定之邮章、邮票，实行宣布取消。其已经为各机关购存之邮票，请到各局退还现金。

三、以后机关及工农群众，凡邮寄信件、印刷物品及包裹等项，均照新章贴足邮票。凡未贴足邮票者，按章加倍罚款。

四、红军信件仍照红军优待条例办理。凡窃盖红军免费印记之非红军信件，一经查出，则加倍处罚”。

上述规定发布十来天后，又于1932

年4月24日，何叔衡召集闽赣两省县邮政局以上的交通负责人会议，讨论并决议整理苏维埃邮政的一切办法。已经制定邮政暂行章程及新式邮票四种，定5月1日起开始实行。除布告苏区群众外，特令各省苏内务部转令该省邮政局照下列数项，于5月份内办理完竣，逐项报告本部审查和批准。

一、中央邮务总局之下，各省设省邮务管理局，各县则按照其是否交通要道与军事重心地点，设甲乙两种邮局，各重要市镇及交通区域，则设立邮务分局，或邮政代办所。所有以前的两省自定之各样名目，应即照章更名。有些需要撤销的，应即通令取消。有些人数不够，应即补足，以达到所规定之人数。

二、各级邮局的每月经费，从5月份起，统由总局发给。两省内务部应即将该省所设的邮局总数与设立地点、交通路线、邮务人员数目以及各级邮局每月经费预算，详具图表报告本部审定，公布遵行。

三、各级邮务工作人员，如系当地招来，必定要有当地政府或群众团体担保，才能录用。各局的递信员，应是体力强健，没有恶劣嗜好，忠实革命工作。凡属富农、

△ 中华苏维埃共和国邮政局旧址

流氓、豪绅家属，以及有各种危险病症（如肺痨、黄肿病等）的人，一律不用。从前所用的邮务员、递信员，须概行经过一次考察和检查，照本部所制之邮务工作人员登记表填明送来。

四、邮务工作人员的薪金和工资，从5月份起照章发给，所定数目，应由各省管理局负责审查，并制定每月预算，转送中央邮务总局备查。

五、邮局办公时间，依照苏维埃劳动法令，每日工作八小时。超过八小时工作时，照章加发工资。递送时间，并由总局统一规定，以昭划一。

六、以后各地邮政人员的任免，均直属于邮政总局及省管理局，详细办法另行公布。

七、本部及邮务总局分别派员到各地公开或秘密巡视，若有不照本部所颁布的各种邮政条例办理者，要实行处罚，仰即遵照至要。

何叔衡整顿苏区邮政，统一组织，统一办法，制定新的章程，经过三个月的实践后，苏区的邮政工作较过去前进了一大步。但尚存在两个方面的问题：一是因干部缺乏，不能按需要撤换，以至还有少数的坏分子，存留在各地分局，故意停滞邮件或拆毁邮件，妨害苏区交通。针对这些问题，何叔衡曾下令："邮政总局严格注意这些分子的洗刷，使邮政能很完善地成为真正的政府与群众的交通机关。"二是通过检查，发现很多的地方政府、群众团体以及各机关、红军部队不遵照邮政章程贴足邮票，欠资邮件亦不肯补给邮局。还有故意乱发特别快信的，以及少贴邮票，强迫邮局投递，假冒红军信件，私刻免费戳记的，如此等等。为此，何叔衡“再严重命令省县苏维埃政府及红军各级政治部、各级邮政局，务须遵照邮政章程及本部规定下列各条寄递邮件，纠正过去交通工作之不规则现象：

一、凡红军战士与其家属通信之免费戳记，一律改为“红军家信免贴邮票”字样。以前红军政治部与地方苏维埃政府所刊用的“红军信件免贴邮票”戳记，从8月1日宣布一律作废。

二、除了红军寄信家属，家属寄信红军，可以盖免费戳记外，其他的通信，一律要照章贴足邮票。如果查出盖免费戳记非红军家信的，交邮局向发件人加倍罚资。

三、任何机关任何人寄件（除受政府优待免费之红军家信外）必须照章贴足邮票，没有贴足邮票之件，邮局应照章向收件人取欠资邮费。如故意不贴足邮票或故意不给欠资的，该处邮局可报告当地苏维埃政府，或上级苏维埃政府查明追究。

四、特别快信是适应革命的需要而特别设立，是代替有线电报与长途电话的，只有几个主要干线上和军事交通线上，才有特刊快递班次，除临时设立军事交通干线外，其他各线上，一律只有普通快信，没有特别快递。兹将目前设立特别快递班次之干线指出，望各级政府与红军及群众团体查照：

瑞金——胜利——兴国

瑞金——石城——广昌

瑞金——宁都

瑞金——雩都——赣县

瑞金——会昌——重石——信丰（临时的）

会昌——寻邬

瑞金——汀州

汀州——河田——旧县——白沙

白沙——上抗——永定

白沙——龙岩

胜利——宁都——广昌

兴国——万太——公略

兴国——永丰——乐安

兴国——雩都——会昌

兴国——赣县

五、特别快递的发寄，只限于信函，不投递笨重大捆文件。有些没有特别快递班次的边区邮局，若发现有要寄特别快信者，只要经过当地苏维埃政府证明，确属军情函件，该邮局得开临时特别快递班，并须负责通知接收局转递。

六、关于局所设立之距离，有些支线，如安远、寻邬、武平、新泉、广昌、乐安等区，邮件很少，快信亦不多，所以不需一般的都照主要干线的局所距离（30里到40里）设立。特决定从8月1日起，将有些支线上的分局，改为相隔60里至80里，由邮政局分别通告执行。至于邮件寄递，仍须尽力，求得迅速，不可借故延误。

七、为推广各类新闻报纸、发动群众普遍读报，决定新闻报纸寄费减价（4两以内的半分，半斤以内的1分，12两以内的2分，1斤以内的3分，此外每加重半斤加贴邮票半分），另令邮政总局通告执行。

八、在邮政没有办汇兑以前，如机关团体及私人寄钱，须统一发寄国家银行纸票及苏维埃邮票，绝对禁止邮寄现洋、银毫铜片和金子、银锭等等。如故意要寄现金的，邮局不负责保险。

九、星期日与各种革命纪念日，照例应当休假，值此革命战争紧张的时候，如果延迟邮件，有碍消息传递，故决定星期日与革命纪念日，平信停班，普通快信与特别快信，须照常工作，由递信员轮流互送，不加工钱。若某地某局有特殊情形，星期日必要开平信班时，由当地苏维埃政府证明理由，可以开班，发给加递费，但该处邮局须将平信开班的情形报告上级邮局。

十、省县两级苏维埃政府内务部须随时予以邮政局的帮助（如人员调换、物质补充、维持邮章等），但变更邮局组织及修改邮政章程之事，则须报告本部及函告邮政总局办理。苏区边界之区乡苏维埃政府军事信件繁多，本部已得人民委员会批准，所有边区各级政府，准按实在情形，增加邮寄经费，但绝对要维持邮政章程的执行”。

修筑道路桥梁

何叔衡针对当时革命战争处于紧张时期，认为“整顿交通要道，修筑桥梁，以便利红军行动与兵站运输，是各级苏维埃政府现时最迫切的一种工作”。曾发布第一号训令，定出修筑道路桥梁的八条原则，并制定了竞赛的办法。但由于闽赣各县没有很好地遵照执行，致使苏区的道路桥梁，仍然是崩缺腐烂如故。这样，妨碍红军大部队的行动，影响革命战争的进行。因此，于1932年6月7日，何叔衡发布《中华苏维埃共和国临时中央政府内务部命令》第二号，云：“特通令两省苏及瑞金县苏内务部：转令各级苏维埃政府克日派人到各地清查道路桥梁，第一步把县与县间、区与区间的干道修好，使军队便于行进，照本部第一号训令所定各种原则办理，县苏内务部要派人分途检查，向省苏内务部及本部报告修理经过。如有不执行上级命令，放弃这一工作者，以对参加革命战争怠工处分，仰即转令所属为要。”

禁止粮食出口与靡费

在粉碎帝国主义和国民党反动派大举向中央苏区进攻时，在苏区储备充足的粮食，以供红军和苏区的人民群众，是坚持长期与敌人作战，直至取得战争彻底胜利的主要条件之一。何叔衡根据各边区粮食出境甚多，指出：“如果不加限制，一定要影响到明年的苏区粮食。”并“通令各级边区政府立即禁止米谷运出白区。并根据各地实际需要，限制粮食浪费，如做粉干、造酒、喂鸡等。并规定具体限制及取缔办法，由省、县政府公布执行。这一禁止必须向群众宣传鼓励，使大家明了这是为的争取战争胜利，只有使群众大家了解，得到群众的拥护，才能彻底做到。”

除禁止粮食出口与靡费外，何叔衡还指出：“尚须鼓励群众，多种杂粮、蔬菜，如麦子、蚕豆、萝卜、油菜等，准备明年青黄不接时帮助粮食之不够。”

针对江西、福建两省，田地有多有少，收成有歉有丰，并且有些边区地方，被敌人抢劫一空。因此，加强苏区内部粮食的流通调节，有着非常重要的意义。何叔衡指出：“粮食调济设局，中央正在经营。粮食合作设社，各地都要进行，甲县运到乙县，不能阻挡留停。”并特别强调指出：“倘有造谣操纵，不论奸商富农，定要严拿办罪，法律决不宽容。”

何叔衡认为，要想使这些措施能在苏区坚决贯彻执行，就必须使苏区人民家喻户晓，人人明白。于是便将这些内容，以通俗易懂的文字，以易明易懂易记、顺口押韵的诗歌形式，按六个字一句，写成《中央内务人民委员布告》，张贴各地，向苏区人民进行广泛的宣传。

《布告》曰：

中央苏区全境，群众数百万人。
粮食问题重大，缺少调节流通。
现在战争形势，敌人大举进攻。
接济红军给养，关系更属非轻。
江西福建两省，情形各有不同。
田地有多有少，收成有歉有丰。
并且有些边地，敌人抢劫一空。
都是工农阶级，父母姊妹弟兄。
应该同心合力，向着困难斗争。
粮食调济设局，中央正在经营。
粮食合作设社，各地都要进行。
甲县运到乙县，不能阻挡留停。
大家有了饭吃，大家好打白军。
省县区乡政府，拿住这个中心。
要向群众解释，发展阶级同情。
倘有造谣操纵，不论奸商富农。
定要严拿办罪，法律决不宽容。

反贪肃反

☆☆☆☆☆

（57–58 岁）

组织突击队

何叔衡为了加强工农检察部的力量，协助工农检察部更好地调查了解情况，在工农检察部下面又组织突击队。

突击队系在工农检察部直接指导之下，隶属于当地的工农检察部，作为监督政府机关的一种组织。突击队员系不脱产的，利用空暇或休息时间，公开地突然去检查苏维埃机关，或国家企业和合作社，以揭破该机关或企业等的贪污浪费及一切官僚腐化的现象。

突击队所突击的范围，仅限于苏维埃机关和国家企业方面，私人企业及私人间的关系，不是突击的目标。

突击的内容，是关于政府政纲政策执行得是否真确，工作计划是否实现，参战工作的程度如何，官僚、腐化、贪污现象等等问题。

突击队每次出发之前，须由工农检察部的负责人预先做出计划，与该队队长、队员详细谈话，使突击队可以按计划去检查。每次突击之前，须向工农检察部做详细的报告。

设立控告局

何叔衡为了便于苏维埃公民及时反映揭露当时苏维埃的政府机关和经济机关有违反苏维埃政府政纲政策及目前任务，离开工农利益，发生贪污浪费，官僚腐化，或消极怠工的现象，而于工农检察部下设立控告局。

控告局是设在各级工农检察部或科之下的一种组织。控告局直属各级工农检察部或科，受其指挥和节制，但没有上下级的隶属关系。

控告局有局长一人，调查员若干人。

控告局的任务是：接受工农劳苦群众对苏维埃机关或国家经济机关的控告及调查控告的事实。但控告局只接收控告机关，或某机关的工作人员的控告书，不接收私人争执的控告书。

控告局采取两种办法接收各种控告：一是在工农集中的地方，设立控告箱，以便工农群众投递控告书。二是指定不脱产的可靠的工农分子代替控告局接收各种控告。若苏维埃的政府机关和经济机关，有违反苏维埃政纲、政策及目前任务，离开工农利益，发生贪污、浪费、官僚、腐化，或消极怠工的现象，苏维埃公民无论何人，都有权向控告局控告。

人民向控告局控告，可用控告书投入控告箱内，或由邮件都可，不识字的可以到控告局用口头控告，有电话的地方，也可以用电话报告控告局。控告人向控告局投递的控告书，必须署本人的真实姓名，而且要写明控告人的住址，同时要将被告人的事实叙述清楚，无姓名的控告书一概不予受理。倘发现挟嫌造谣借端诬控等，一经查出，即送交法庭，接受苏维埃法律的严厉制裁。

成立检举委员会

检举委员会是针对“在敌人垂死的挣扎，用三分军事，七分政治，下最大决心大举进攻的时候，一切阶级异己分子及各种反动政治派别，必定要混入我们的苏维埃政府机关和地方武装中，来危害和阻碍我们的革命胜利。我们为了粉碎敌人的大举进攻，进行和准备与敌人长期作战，保障革命的全部胜利，我们对于被选举的各级苏维埃政府委员，及各级政府委任的工作人员，和各地军事机关及地方武装、独立师团、游击队、赤卫军、少先队等部队的指挥领导人员中的阶级异己分子，和官僚腐化动摇消极分子，要来一个大大的检查运动，将他们洗刷出苏维埃政府机关及地方武装中去”。“少数地方政府有阶级异己分子混入操纵，致发生领导反水的严重现象，同样的在少数地方武装内，也有阶级异己分子混入操纵，使我们阶级战争发生污点，这值得我们严重的注意”。何叔衡认为，对此，必须及时检举揭发，决定由各级工农检察部组织临时检举委员会，由工农检察部部长任委员会主席。

各级检举委员会的组织：1. 省一级的检举委员会，由省工农检察部、省职工会、省雇农工会、少先队部、军区指挥部、军区政治部各一人，再由省苏政府主席团指定一人，共七人组织之。2. 县一级的检举委员会，由县工农检察部、县军事部、县职工会、县雇农工会、县少先队部各一人，县苏政府主席团指定一人组织之。3. 区一级的检举委员会，由区工农检察部、军事部、区职工会、区雇农工会、区少先队各一人，由区苏政府主席团指定一人组织之。4. 城市检举委员会，由城苏工农检察科、军事部、城区职工会、城苏主席团指定一人组织之。

检察委员会的工作任务：1. 各级工农检察部召集上面所指定的机关和团体派来的人员组织检举委员会，一面定期开会，制定检举表，开始工作；一面呈报上一级工农检察部批准，如上级认为某一个检举委员有不称职时，可令撤换，再行拣派。2. 检举本级政府机关及本级所属地方武装组织，详细登载检举表，开会讨论，定出某一个异己分子及官僚腐化动摇消极分子的停职，撤换惩办。监视各办法，向政府机关、军事机关的群众报告，发动斗争，征求同意，再向上级工农检察部报告，提交上级政府机关及军事机关核准执行。3. 分发去指挥监督检举下一级的政府机关和地方武装的组织，如省份发到各县，县分发到区，及城市，区分发到各乡之类。

检举工作的总结：各级检举委员会的工作报告和检举表都要写两份，一份存本级工农检察部，一份报告上级工农检察部。检举工作完结检举委员会即解散。在明年1月5日以前，各省要将检举总结，报告中央工农检察人民委员部，至于各县区的检举总结期间，总在12月底，要努力完结，万勿视为具文。

组织审查委员会

审查委员会系省、县、区、乡四级都有的一种组织。其任务是：审查贪污浪费。其组成办法是：以工农检察会为主席，从主席团派一人，青年团派一人，工会派两人组成。它的审查对象：首先是财政部及总务处，其次是国民经济部及其所属的经济机关，再次是各部以至一切经手款项的人。前后方军事机关，尤其是后方各机关，务必彻底审查。

何叔衡指出："在艰苦的国内战争环境中而有贪污浪费现象发生，完全是一种罪恶。而肃清这种罪恶的结果，不但省出了经费为着战争，而且将要紧张苏维埃人员的工作精神，提高工作效能，因为贪污浪费的反面就是刻苦奋斗，把贪污浪费分子除掉了，其他的工作人员以至广大群众将更加兴奋起来，所以反贪污的斗争，是执行苏维埃一切斗争任务不可分离的部分。"

发现问题，一查到底

1933 年夏季的一天，检察部控告局收到一封没有署控告人姓名的控告信。信上写着："检察部控告局：瑞金县苏的干部（还有的是党的人）用公家灯油到饭馆炒菜吃，有的还用油换酒喝。大家都说，像这样，我们一年到头节省得死，也不够他们吃一次。"何叔衡得知后，立即派出调查组至瑞金县苏财政部调查核实，经过几天的工作，毫无结果。接着何叔衡又组成"轻骑队"至瑞金县，分头进行调查，主要是个别查访。经过一周的调查取证，发现瑞金县苏不仅在灯油的使用上有很大的问题，而且在纸张、邮票、药品的使用上以及在回收的公债上也大有文章。他们利用少用多报、私用公报、假造证据等手段，大肆侵吞、挥霍人民群众的财产。何叔衡掌握这一情况后，亲自率领“轻骑队”至瑞金县苏财政部，并责令其财政部长蓝文勋“把6至11月的开支账、群众退还公债账和干部伙食账拣出来”。通过何叔衡亲自查阅账本，查出一笔笔惊人的数字：10至11月两个月多报灯油400余斤；9至11月共假造购纸收据441元；10月份谎报房子搬迁伙食费1000多元；同期，干部开具假药单报账500余元；同期，干部集体侵吞群众退还谷票及公债款2830元……

根据1933年12月15日毛泽东等公布的《关于惩治贪污浪费行为》中央执行委员会二十六号训令的规定：“贪

污公款在500元以上者，处以死刑；贪污公款在300元以上500元以下者，处以两年以上五年以下的监禁；贪污公款在100元以上300元以下者，处以半年以上两年以下的监禁；贪污公款在100元以下者，处以半年以下的强迫劳动。”何叔衡感到问题严重，已触犯了法令，当即向毛泽东主席作了汇报。随即签署了对唐仁达、蓝文勋等人的逮捕令。

通过审讯，被告对指控的所有犯罪事实供认不讳。12月28日，何叔衡宣判处分决定：中央总务厅长赵宝成给予撤职，管理处长徐毅拘押讯办，瑞金县财政部长蓝文勋撤职查办，会计科长唐仁达交法庭处以极刑，瑞金县苏主席杨世珠以警告处分。

这次宣判后，何叔衡又发扬连续作战的精神，一鼓作气，又查出了中央总务厅赵宝成、左祥云、徐毅等特大贪污案及其他案件，使大批贪污腐化分子受到法律的严惩。

通过上述案件的查出，何叔衡在给苏区各级领导、干部的《指示》中说：“苏维埃机关中、军事机关中、国家经济事业机关中，贪污浪费的事件现在已经发现了好多处，未发现的还不知多少，消灭贪污浪费，使一切经济为着战争，这是我们目前的重要任务之一。中央工农检察部在人民委员会指导之下，督促各级工农检察部注意开展这一斗争以来，已在瑞金等处查出了几个大的贪污、浪费案，中央审计委员会在裁减军政机关不必要的开支及随意浮开预算表中，仅仅12月份已经节省了20万元以上。这一事实告诉我们，抓紧着开展这一斗争，是何等的重要。然而在各省县区以至市乡政府都至今还没有把这斗争开展起来，这是不容许的现象。”

为了广泛开展这一斗争，何叔衡于1934年1月写了《怎样检举贪污浪费》一文。文曰：

瑞金县苏主席团及工农检察部在中央严重指出他们的问题后，漫不经心，拖延一个月之久不进行检查，最后还是中央直接派人检查才查出两千余元的贪污案来。各地主席团及工农检察部切不要以为自己机关中没有任何人员在做贪污或浪费的事情（自然不一定每个机关都有这种事实），一定要注意查察，有一点小的表现就要跟着去查，常能从小的事件查出大的问题来，瑞金的大贪污案，就是从他们灯油浪费一件小事着手查出来的。

在艰苦的国内战争环境中而有贪污浪费现象发生，完全是一种罪恶……因为贪污浪费的反面就是刻苦奋斗，把贪污浪费分子除掉了，其他工作人员以至广大群众将更加兴奋起来，所以反贪污的斗争，是执行苏维埃一切战争任务不可分离的部分，谁不懂得这一点，谁就要犯严重的错误。

何叔衡在文中还提出了六个要点：一、要提起对贪污浪费的警觉性。二、贪污浪费常常不能分开。三、发动群众反对贪污浪费。四、要注意许多机关里的贪污浪费。五、要根据中央政府新颁布的惩治贪污浪费法令从严治罪。六、要组织审查委员会审查贪污浪费。

量刑定罪，依法判决

何叔衡在担任工农检察部部长及临时法庭主席时，对工作十分认真负责。对群众反映揭发出来的情况，对下面报上来的审批案件，进行认真的分析研究，或进一步的调查落实。在材料充分、证据确凿的前提下，对照法令，根据罪过的轻重大小及认识态度的好坏，进行判决处罚。

一是详审案件，材料不充分者不予批准。何叔衡对下面报上来的审批案件，总是仔细审查，反复推敲。凡是他认为罪证确凿，材料亦很充分，该批准的，立即批准。相反，若罪证不明确，材料也不充分，需缓批的，就暂作悬案。不该批准的，就坚决不予批准。如：1932 年 7 月 7 日，何叔衡在审批江西省苏裁判部省字第二号判决书时，写道："关于反革命温良、余远深、刁诗周、刁秀山、丘衍洪、丘祥孜等六犯并案分别判处一案，温良一犯判决死刑批准。余远深判处死刑暂时不能批准，因余远深一名的罪状不很明白，需把全部案卷详细报告前来才能批准。刁诗周、刁秀山、丘衍洪、丘祥孜等四犯的分别判决照准。原判发还，暂即将温良一犯执行死刑。余远深一名暂作悬案，待接到你们详细报告之后再决定。刁诗周、刁秀山、丘祥孜等四犯照原判分别执行。并将全案执行情形报告前来。"

二是量刑定罪，重罪不轻判，轻罪不重判。何叔衡对下面报上来的审批案件，始终坚持实事求是的原则，量刑定罪。根据犯罪者所犯罪过的大小，该判什么罪，就定什么罪，即重罪不轻判，轻罪不重判。如：1932 年 11 月 16 日，何叔衡在审批江西省苏裁判部刑事法庭第二十九号判决时，写道："关于反革命 AB 团要犯李振萍、夏凤生等判处死刑，周能文判处监禁五年，监禁期满后剥夺选举权三年，批准。原匡吉志一名，原判'姑念年幼无知，应准其自新'，未免失当。查匡吉志年已 18 岁，超过苏维埃选举年限 16 岁已两岁，不能算年幼；且他由AB团自首后又加入AB团，不能说无知，应处监禁三年，监禁期满后剥夺选举权三年。上官利清一名，任总医院文书，执行AB团种种破坏医院阴谋，应处监禁三年，监禁期满后剥夺选举权三年。戴月英、

龚招提二名，要是在未逮捕之先，自觉自首，或被逮捕之后，诚实地尽量供出AB团组织与其阴谋活动，方能免予自新或释放。该二犯乃都不出此，戴月英应处监禁一年，监禁期满后剥夺选举权一年；龚招提的前老公反水，到医院又与AB团夏凤生结婚，开过一次会，也不是偶然的，应处监禁一年，监禁期满后剥夺选举权一年，希均照批示执行。”

三是对一些重大案件，亲自出马，调查了解，掌握第一手材料。据曾与何叔衡在工农检察部一起工作过的同志

回忆说，何老给人印象最深刻的是：他对工作严肃认真，一丝不苟。工农检察部是一个大部，有七八十个干部，常分批轮流下到各地，检察各种贪污、违法乱纪、失职渎职的行为，调查落实各种控告材料。每批人员下去前，他都要详细交代应注意的问题，特别强调不能对群众要态度，要搞好和群众的关

△ 位于瑞金叶坪的工农检察人民委员部的何叔衡办公室

系，深入群众，了解真实情况。每批下去的干部回部后，他都要亲自听取汇报，干部有什么事做错了，他就指出错在哪里，今后应注意什么。

的确，何叔衡作为工农检察部的主要领导者，事情很多，也很忙，除了让他的下属分批轮流下到各地，自己在家里仔细听取他们的汇报外，对一些重大案件，除一般干部下去外，他还亲自出马，调查了解，掌握第一手材料后，再根据材料，分析研究，最后作出判决处理。如：1932 年秋，瑞金县黄柏区的干部和群众揭发县委组织部长陈景魁有严重问题。他立即派干部进行调查。随后，又亲自到黄柏区了解情况。结果证实陈景魁确是一个混进革命队伍、罪恶累累、民愤极大的恶霸地主，并任过“民团”团长。何叔衡掌握了这些情况以后，对照法令条文，进行认真分析研究后，认为应处以死刑。于是将其逮捕、公审，最后将其枪毙了。

四是坦白从宽，抗拒从严。何叔衡在审判案件时，按照党的宽大政策，根据犯罪者对所犯罪过认识态度的好坏，予以减刑或加刑。如：1932 年 2 月 26

日，何叔衡等在审判改组派反革命案件的被告人郭先达、彭若愚、黎心诚、魏柏冈的最后判决是："郭先达——应监禁两年，因他还能部分地对法庭供出反革命的事实。因此减少六个月，监禁一年六个月，从1931年10月3日计算起。在监禁期满后，又应剥夺选举权五年。彭若愚——应监禁一年，因他利用过去肃反弱点，企图推翻亲笔原供，否认事实，应加六个月，监禁一年六个月，从1931年10月4日算起。在监禁期满后又应剥夺选举权三年。黎心诚——应监禁一年六个月，因反亲笔的原供，企图卸罪，宣判前又想承认，证明对革命不忠实，应加六个月，监禁两年，从1931年10月18日计算起。在监禁期满后，又应剥夺选举权三年。魏柏冈——应监禁四年六个月，因他狡猾强辩，企图推翻自己三次原供，应加六个月，监禁五年，从1931年10月18日计算起。又应永远剥夺选举权。判决是最后的，没有上告权。"

抵“左”反右

☆☆☆☆☆

（56–58 岁）

信仰坚定，回击“左“倾

当时，王明“左”倾严重错误已在中央苏区逐步贯彻。经过 1931 年 11 月苏区党代表会（又称赣南会议）和 1932 年 8 月党的宁都会议，党内的“左”倾错误路线执行者正全力排挤和打击毛泽东，说毛泽东的政治主张是“狭隘的经验论”、“富农路线”、“极严重的一贯的右倾机会主义”；说毛泽东的军事战术原则是

“过了时的”、“充满农民习气的游击主义”。对于这些奇谈怪论，何叔衡很气愤，他对毛泽东是坚信不疑的。

一次，一位领导找何叔衡，要他“谈谈毛泽东‘富农路线’的根源”。何叔衡反问:“什么是‘富农路线’？”这位领导说：“‘富农路线’就是替地主富农说话谋利的右倾机会主义路线。”何叔衡反唇相讥：“我们共产党人从投身革命就以解救广大穷苦百姓为己任，哪有高唱革命口号，行反革命之实的道理?我跟随毛泽东这么多年，从未发现他做这种贩卖革命的投机生意。”说得这位领导者怏怏不乐地走开了。

“左”倾错误领导相继制夺了毛泽东在党和红军中的领导职务。

在过“左”的肃反政策的影响下，一些省县司法机关的干部，认为多判死刑保险。而何叔衡态度坚决，及时予以抵制，对下面报来的审批案件，他认为材料不够判处死刑的，就不予以批准。如：1932 年 5月 26 日，何叔衡在审批瑞金县苏裁判部第二十号判决书时,写道:“关于朱多伸判处死刑一案，不能批准，朱多伸一名由枪毙改为监禁两年。根据口供和判决书所列举的事实，不过是贪污怀私及冒称宁、石、瑞三县巡视员等等，是普通刑事案件，并非反革命罪。且朱多伸组织游击队，参加过革命，又年已72岁，因此减死刑为监禁。”

反“左”防右

何叔衡在抵制当时过“左”的肃反政策的同时，又特别注意防止右倾思想对司法工作的干扰影响。如1932年10月16日，何叔衡在《致寻邬县苏裁判部的信》中写道：“给你们判决书第五号的《批示》想已收到，兹又接你们第六号判决书，觉得你们裁判部的工作，完全是右倾机会主义的考察判决书的材料，有的应处死刑，有的应监禁二、三、五年，乃你们只判处监禁至多一年，少至三个月，如此审判反革命罪犯，比帝国主义国民党罚处小偷抓窃还要轻松，你们对革命是否尽责，恐成问题。请你们将该五犯所犯罪证据赶急尽量搜集报来，以凭批驳原判，再行审讯。至苦工队登记表共六名，只收到五名，查问有何金妹一名，在离寻邬县 40 里彭古隘即行逃逸，务望赶急地令缉拿归案，送犯护兵亦应加以追宪和处罚。”

批他不服，斗他不改

由于何叔衡对当时过“左”的肃反政策进行抵制，导致了“左”倾路线的执行者和一些不明真相的人，指责他“犯了很严重的官僚主义的错误”。说他“是政治上的动摇”，“是不相信群众，脱离群众，只站在高处下命令或骂群众不行”，“没有把工农检察造成群众运动，仅仅忙于一些个别事件及填填检举表的官样文章，做了一年多工农检察工作，还只是个‘官僚’的检察，没有真正的‘工农’的检察”，“在查田运动中，在改造苏维埃运动中，甚至在肃反运动中，都没有起积极作用，是站在旁观的样子”，等等。有人说“何老头子”是别有用心要与中央路线相对抗；有人说检察部无中生有造假证诬蔑苏区干部。“左”倾路线执行者也放出风要撤销何叔衡工农检察部部长职务。

1932年冬，中央政府机关的党总支委员会召开会议对他进行批判。1933年夏季开始，报刊上指名道姓地对他进行批判。1933年7月7日，中央苏区中央局机关刊物《斗争》第十七期上，“左”

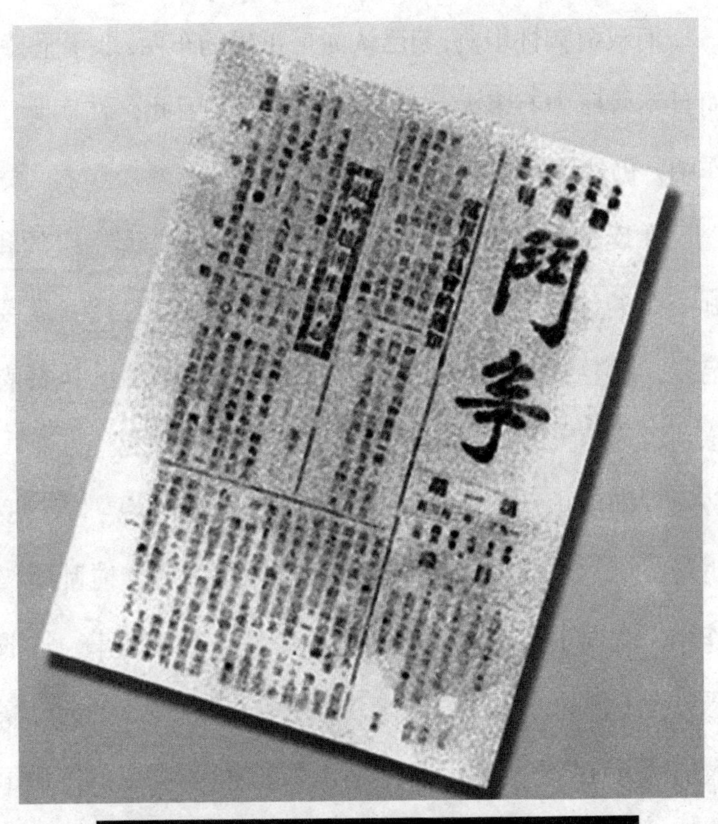

△ 1933年中国共产党苏区中央局创办的机关刊物《斗争》

倾路线执行者的主要领导人发表了《火力向着右倾机会主义》一文，专门批判何叔衡的所谓右倾机会主义。并说，要“用全部力量”同他“去作斗争”。真金不怕火来炼，对此，何叔衡毫不畏惧，在批判会上，他虽然承认“执行了官僚主义的工作方式”，但公开声言：“我在政治上从来没有动摇过。”

何叔衡胸怀坦荡，自己认为是正确的东西，敢于坚持，而且不管压力有多大，也要一干到底。因此，在实际工作中，仍然坚持实事求是，依法办案。

在反贪肃腐斗争中也是如此，不论他是哪一级的和哪一级的什么人，只要他是犯了罪，触犯了法令，就要定罪，就要依法判决处罚。因而“左”倾路线的执行者感到极为恼火，认为势必会搅乱反“罗明路线”的斗争，必须立即停止这项活动。何叔衡非常气愤地说：“反‘罗明路线’本来就是无中生有的，再搞下去就会搅乱阶级阵线，就要引火自焚；反贪肃腐是刻不容缓的事，这股恶势力不消除，不用敌人来攻就会自行灭亡。”他向办案人员表示：“查办贪污腐化是工农检察部决定的，出了问题我负责！大家要坚决顶住干扰，坚决把案子查到底！”

并在检察部全体工作人员会议上说："人民赋予我们这个权力，我们就要对人民负责。至于我个人，不要说是撤了我的职，就是搭上这条命也在所不惜！"

"左"倾路线执行者，见何叔衡批他不服，斗他不改，于1933年11月，撤掉了他检察部部长、内务部代部长、临时最高法庭主席、各级苏维埃训练班主任等全部领导职务。

何叔衡被撤职后，并不灰心丧气，仍然勤勤恳恳、踏踏实实从事党分配给他的工作，并经常与其他同志一道去医院慰问红军伤病员和帮助烈军家属解决困难，表现了一个无产阶级革命家的宽大胸怀和对党对人民的赤胆忠诚。

壮烈牺牲

☆☆☆☆☆

（59岁）

1934年9月，由于王明的“左”倾错误领导，第五次反“围剿”失败，中央红军不得不准备战略转移。10月，中央红军主力被迫撤出根据地进行长征，何叔衡被留在根据地坚持斗争。一天晚上，在江西余江县梅坑和战友们依依惜别，何叔衡将自己使用多年的怀表和小钢刀交给谢觉哉说：

“觉哉，我这两样东西你带上可能会有用，祝你一路平安。我的一切请你放心，从我投身革命起，就把自己的一切都交给党了，我随时准备为苏维埃流尽最后一滴血！”

又将女儿实山为他编织的毛衣送给了林伯渠。林伯渠深为感动，写了《别梅坑》一诗。诗曰：

△ 何叔衡的怀表

共同事业尚艰辛，

清酒盈尊喜对倾。

敢为叶坪弄政法，

欣然沙坝搞财经。

去留心绪都嫌重，

风雨荒鸡盼早鸣。

赠我绨袍无限意，

殷勤握手别梅坑。

红军长征后，何叔衡在江西雩都县公馆乡搞组织动员群众的工作，每天手拄拐杖，穿着一双破烂鞋子，早出晚归，不辞劳苦。据后来李六如回忆说：

红军长征，江西苏区沦为游击区时，叔衡同志随队伍驻雩都公馆乡，党派他帮助乡政府做动员工作，他每天扶一根拐杖，朝出晚归，口不言劳。60岁以上的老人做这种工作，我们当时的心里是很难过的。就在该乡工作时，党要他同秋白同志去白区时，脚上没有鞋子穿，穿一双破鞋子。动身的晚上来问我："六如，你有鞋子吗？"我把江口贸易局局长陈祥生送的一双皮胶鞋给他。他长叹一声："咳！六如，不料我这副老骨头，还要送到白区去啊！"他一面说，一面流下泪来，紧紧地握着我的手。

1935年1月，何叔衡、瞿秋白、邓子恢等由江西瑞金九堡附近动身到闽西。其中何叔衡、瞿秋白等拟经广东、香港去上海，邓子恢则决定留在福建与张鼎丞坚持游击战争。2月11日，何叔衡、瞿秋白、邓子恢等一行化装成香菇商客及眷属，约在2月16、17日到达中共福建省委所在地汤屋。因汤屋形势也极为险恶，略事停留，于2月20日前后继续起程去永定。福建省委为了保障他们的安全，专门选调了二百余人组成护送队沿途保护。约经过四天的昼伏夜行，安全通过了敌人的层层封锁，于2月24日拂晓，到达上抗县濯田区水口镇附近的小径村。大家走累了，就在这里休息吃饭，准备下午再走。但由于麻痹大意，被地主武装“义勇队”发现，报告了驻扎在水口镇的反动武装保安十四团二营。该营营长李玉率队迅速包围了小径村，护送队仓促应战，何叔衡等闻枪声即从村里转移到村南的牛子仁岽大山上。在护送队的掩护下，他们分别进行突围，何叔衡不幸中弹，身负重伤，仍继续爬行，实在爬不动了，他要邓子恢率部先走，用力高声地说："子恢，我不能走了，我已为苏维埃流尽最后一滴血！"就昏倒在山坡脚下的水田附近，后被两个匪兵发现，以为他已真死，在搜身时，何叔衡奋力反抗，即被匪兵连击两枪，壮烈牺牲，时年 59 岁。

何叔衡壮烈牺牲后，党和人民非常怀念他。1937 年在延安召开的党的成立 16 周年纪念会上，当大会主席毛泽东宣布为牺牲的党的创始人之一何叔衡默哀时，整个会场沉浸在万分悲痛之中。

1942 年 5 月，谢觉哉在《忆叔衡同志》一文中说："如果说叔衡同志是模范的共产党员，那他不仅是给人以模范，而且很热忱地希望人家赛过他的模范。"

1945 年 5 月 4 日，谢觉哉在其《感旧》诗中写道：

叔衡才调质且华，
独辟蹊径无纤瑕，
临危一剑不返顾，

△ 何叔衡雕像

衣冠何时葬梅花。

1964 年 1 月 7 日，中共长汀县委和长汀县人民委员会在何叔衡牺牲的地方建立了纪念碑。

△ 何叔衡烈士纪念碑

何叔衡的一生，是伟大的一生，革命的一生，战斗的一生。他的崇高品德将永远放射着灿烂的光辉。

后 记

何叔衡永远是我们学习的典范

十年前，笔者应湖南省政协文史委员会《20世纪湖南文史资料文库》编委会之约，编著何叔衡的书。

接受任务后，笔者查阅了大量的资料，湖南图书馆收藏的有关何叔衡的书刊，基本上都已翻阅，特别是建国前出版的《红色中华》报，刊载有关何叔衡在苏区的工作情况比较全面详细，有些还是鲜为人知的珍贵史料。同时还走访了一些知情的老同志。前前后后、断断续续，经历将近一年的时间，编著了《为苏维埃流尽最后一滴血——忆何叔衡》。2000年8月，由岳麓书社出版发行，全书31.4万字（精装）。

十年后的今天，笔者应吉林文史出版社之约，编著何叔衡的书。这次基本上是在前书基础上的摘取、梳理、归纳，亦增补了这十年来新搜集到的一些史料。

这次编写与上次相比较有两点不同：

第一，将上次《为苏维埃流尽最后一滴血——忆何叔衡》的书名改为《何叔衡》。觉得上次的书名太长，这次的短，且更贴近内容。

第二，在编排的方法上，遵照吉林文史出版社提出的编辑要求，不标章节，但按章节编写，有前言、后记，特别是目录部分，在相当于一章之后有书中内容的起讫年代，在相当于节之后，列出内容提要，附有书中主人起讫岁数。提纲张目，便于读者尽快掌握全书内容。洵系编辑方法上的一大创新，笔者均已一一照办。

通过两次编写，对何叔衡光辉的一生，了解得更多、更详细了。自此之后，何叔衡的高大形象时时出现于我的眼前，其一言一行总是萦绕在我的心上。他那高风亮节的崇高品德，启示、影响、感动着我，使我又一次受到深刻的教育。这亦是何叔衡生前所希望的。谢觉哉曾说过："叔衡同志能见微知著，语中肯綮，尤其是在重要环节、紧急关头，总能给你以启示，而且使你于不知不觉中服从其启示。如果说叔衡同志是模范共产党员，那他不仅是给人以模范，而且善于使人学习他的模范，而且很热忱地希望人家赛过他的模范。"

诗人萧三曾说："人生有些事情，是忘却不了的。"英烈何叔衡我们永远不会忘却，永远值得我们怀念，永远是我们学习的典范。